Jiang Jieshi
and
Song Ziwen

蒋介石

与

宋子文

吴 丹 李立新 —— 著

团结出版社

图书在版编目（ＣＩＰ）数据

蒋介石与宋子文 / 吴丹，李立新著. -- 北京 ：团
结出版社，2018.1
ISBN 978-7-5126-5744-1

Ⅰ．①蒋… Ⅱ．①吴… ②李… Ⅲ．①蒋介石（
1887-1975）—传记②宋子文（1894-1971）—传记 Ⅳ.
①K827=7

中国版本图书馆CIP 数据核字(2017)第 271054 号

出　　版：团结出版社
　　　　　（北京市东城区东皇城根南街 84 号　邮编：100006）
电　　话：（010）65228880　65244790　（出版社）
　　　　　（010）65238766　85113874　65133603（发行部）
　　　　　（010）65133603（邮购）
网　　址：http://www.tjpress.com
E-mail：zb65244790@vip.163.com
　　　　　fx65133603@163.com（发行部邮购）
经　　销：全国新华书店
印　　装：三河市东方印刷有限公司

开　　本：170mm×240mm　　　16 开
印　　张：12.5
字　　数：185 千字
印　　数：4045
版　　次：2018 年 1 月　第 1 版
印　　次：2018 年 1 月　第 1 次印刷

书　　号：978-7-5126-5744-1
定　　价：48.00 元
（版权所属，盗版必究）

目录
Contents

第一章　北伐道蒋宋

一、蒋介石志不在封侯，挑起迁都之争；
宋子文追随正统，与蒋针锋相对

　　1926年9月，随着北伐战争的胜利进军，时任北伐军总司令的蒋介石便致电广州革命政府，提议迁都武汉，电文言辞恳切；希望政府主席谭延闿最好先到武汉主持工作、应付大局。10月，广州政府召开联席会议，决定暂不迁都。蒋介石得到消息后，再次致电广州政府谭延闿和张静江等："武汉既克，局势大变，本党应速谋发展。中意中央党部与政府机关仍留广州，而执行委员会移至武昌为便。否则政府留粤，而中央党部移鄂，亦可使党务发展也。"这时，迁都的建议得到了一批高级将领及党政要员的支持，就连时任总顾问的鲍罗廷也认为迁都武汉是明智之举。鉴于此，国民党中央委员会在11月中旬做出了迁都武汉的原则决定。11月16日，派宋庆龄、孙科、徐谦、宋子文、陈友仁及鲍罗廷等人经江西赴汉，为迁都做进一步调查、布置。此时的宋子文已是一颗耀眼的政治明星。在国民政府中担任财政部部长，是北伐的财政保障。

　　迁都武汉，宋子文是赞同的，所以他抱着极大的热情与二姐宋庆龄及孙科等于1926年12月初到达南昌，并与蒋介石在7日和8日两日于庐山举行了会谈，讨论了有关财政、军事等要案。12月10日，宋子文等抵达武昌，受到盛大欢迎。

　　宋子文先后被选为中央执行委员会政治会议武汉分会成员、政治委员会主席团成员、军事委员会委员、国民政府常务委员，跻身

出任广州军政府海陆军大元帅的
孙中山

于武汉政府的决策核心。

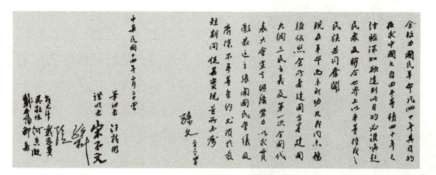

宋子文在孙中山遗嘱上的签字

宋子文等人在孙中山灵堂

来到武汉后，为解决武汉国民政府的财政问题，宋子文做了很大的努力，虽然一些措施比较得当，但收效甚微。宋子文开始对武汉政府的复杂政治形势和经济前景产生了担忧。

恰在此时，蒋介石挑起了迁都南昌之争。

提议迁都武汉的是蒋介石，挑起迁都南昌的也是蒋介石，究其原因：首先，由于北伐军的深入，武汉和两湖地区便处于唐生智部的控制下，蒋十分害怕，武汉迁都若成，蒋就不可能任意发号施令。其次，北伐的胜利激发了工农运动的迅速发展，两湖地区的工农群众运动更是声势浩大，这些斗争都

毕业于保定军官学校的邓演达

是共产党和国民党左派领导的。蒋害怕工农运动，更害怕武汉政府受工农运动影响而"赤化"。再次，蒋介石的总司令部设于南昌，他的亲信部队控制着江西和福建一带，改都南昌更有利于他控制政府，实现独裁。所以，当第二批和第三批广东政府中央委员路过南昌时，蒋介石与国民党中央代主席、他的把兄弟张静江串通一气，于1927年1月3日，以"中央政治会议"的名义，把在南昌的委员找来开会。会上，蒋介石说，广州会议"通过迁都决议时，奉系还没有盘踞北京，而现在张作霖已称自己是国家首领，并准备与北伐军打仗，湖北的军队靠不住，所以武汉处于危险之中，在已经得到巩固的南昌领导北伐是较好的。"

蒋介石的一番言辞虽然迷惑了一些人，但遭到邓演达、陈公博、宋子文等人的强烈反对。宋子文公开发表讲话，表示迁都是中央会议通过的，提议也是你蒋介石首先提出并赞成的，如果更改，必将失信于民，有碍政府的威信……

但蒋介石不顾一切，擅自向各省党部发出通电，经政治会议临时会议决定"现因政治与军事发展便利起见，中央党部及国民政府暂驻南昌。"蒋还请在武汉办公的中央委员和政府委员返回南昌办公，俨然凌驾于中央之上。

消息传来，在武汉的宋庆龄、宋子文等十分震惊，迅速商议对策。宋庆龄对蒋的做法洞若观火，明确指出蒋是在搞分裂活动，意图不轨。宋子文建议召开临时中央党政联席会议，形成决议，阻止分裂活动，说服蒋改正错误。会议最后形成决议，敦促蒋来武汉。蒋迫于武汉方面的压力，不得不于1月12日由九江抵达武汉，并在公开场合赞扬汉口人民收回英租界的斗争是近代史上最光荣的历史。在做了一些表面文章之后，蒋仍旧坚持迁都南昌。

当晚，在宴会上。蒋介石刚刚讲完自己的想法，总顾问鲍罗廷便开口说：

"蒋介石同志，我们三年以来，共事在患难之中。所做的事情应该晓得。如果有压迫农工、反对 C. P.（中国共产党）的这种事情，我们无论如何要想法子来打倒的。"蒋介石被鲍罗廷的一番话说得很尴尬，左右不是。便把目光投向了在座的宋子文等人，操着浓重的浙江口音说："迁都南昌也是为了更好地推动革命嘛，两湖地区不稳定也是实情，等到东南安定后，再迁往南京，有何不可？"

"不可！"在座的宋子文首先反对，"南昌的中央政治会议是在不足法定人数的情况下做出决定的，本来这个政治会议就是非法的，

邓演达（右）与宋庆龄（中）、鲍罗廷（左）在苏联高加索合影。

所以这次决议不能否定广州中央会议的决定。迁都是蒋总司令提出的，已向国内外正式公布，无论从内政、外交、军事、人心等哪方面考虑都不能再改变，否则，在座的各位都很清楚后果意味着什么。"说到这里，宋子文环视了一下在座的各委员，委员们都点头表示赞同。蒋介石在武汉中央联席会议委员中没有找到支持者。

1927 年 1 月 17 日，武汉临时中央党政联席会议上，蒋介石再次提议迁都南昌，同样又遭到反对。于是蒋不得不悻悻地回到了南昌。回南昌后，蒋并没有改弦易辙，而是继续想方设法对付武汉政府。他一方面征得谭延闿、戴季陶等人的同意，提出驱逐鲍罗廷的号召："我希望党和政府一致使鲍罗廷离开，像鲍罗廷那样跋扈的人，如果不能很快地叫他走，怎么还能完成革命任务？"另一方面，他串通代主席张静江致电武汉，要求取消中央党政联席会议，并要求在武汉的中央委员和政府委员到南昌商议迁都问题。他还声明，"中央已在南昌办公"，企图造成既成事实，为达到此目的，在江西的

戴季陶

中央委员和政府委员被蒋继续扣留。最后,蒋采用釜底抽薪之计,派他的得力干将戴季陶到武汉游说,力图分化委员们,拉拢他们到南昌办公。

由于武汉方面坚持原则,针锋相对,并且不断制造舆论、施加压力,这时在南昌的中央委员和国民政府委员,有的已不顾蒋介石的阻挠,先后设法离开南昌到达武汉。到2月中旬,大部分委员相继到达武汉。武汉方面考虑到中央委员和国民政府委员已会齐,决定召开扩大联席会议,宣布联席会议结束,中央党部和国民政府分别在广州和武汉开始办公。此时,蒋介石羽翼未丰,见人心所向、大势所趋,无奈,只得表示拥护,欢迎中央党部和国民政府迁都,并假惺惺发表讲话说:"武汉是全国的中心,亦是政治变迁之策源地,党部和政府到了武汉,一定比在南昌发展更快。"至此,蒋介石挑起的迁都南昌之争告一段落。

二、撕下面纱,蒋"反苏反共";宋子文说:
"……我不是一个社会革命者"

蒋介石迁都南昌计划告败后,便开始用一些冠冕堂皇的词句掩盖其真实意图。暗中却不断扩充军事实力,决定经营东南,与武汉政府分庭抗礼。面对两湖地区高涨的革命形势,蒋把其嫡系部队和收编的依附部队放在江浙一带,蒋用军、师长的头衔收买旧军阀,牢牢地控制着各部队,一切调动须经他同意方可。另一方面,蒋介石此时已迫不及待地开始着手"反共反苏"。1927年2月,他在南昌总部孙中山纪念周上发表演说:"现在共产党党员事实上有许多对国民党党员加以压迫,并有排挤国民党党员的趋向,使国民党党员难堪,作为国民党的领袖,中国革命的领袖,共产党员有不对的地方,有强横的行动，我有制裁的权力……"

其后在 3 月 7 日，蒋介石攻击武汉政府，并将苏联与其他帝国主义国家等同，胡说什么"若苏俄一旦不以平等待我，像别个帝国主义一样压迫我们的时候，我们也像反对帝国主义一样反对他们……"

这两次演说是其背叛革命的前奏。恰在此时，江浙一带的资产阶级派出了他们的代表虞洽卿来到南昌，与蒋密谈，答应蒋只要"反共"，到上海、南京后，赠予巨额款项，蒋正急迫需要大资产阶级在政治上和金钱上的援助，以对付武汉革命政府和应付巨大军费开支，目的相同，一拍即合。不久，蒋介石到上海会见上海商业联合会代表时表示："此次革命成功。商界暗中助力，大非浅显，此后仍以协助为期。至劳资问题，在南昌时已议有办法。所有保商惠工各种条例，不日当可颁布，绝不使上海方面有武汉态度。"

就在蒋介石极力筹划东南、准备背叛革命与武汉分庭抗礼时，宋子文也到了上海。

由于戴季陶的一系列活动，使武汉的一些中央委员和政府委员在同蒋的斗争中出现了严重的动摇性，这些人公开发表谈话表示蒋是国民党的领袖，支持蒋的一系列背叛革命的行径，这使得武汉政府威信受到影响。另外，这些言论也使原来工商界中支持过武汉政府的一些人改变了态度，使武汉政府的财经状况受到严重影响。于是武汉便派宋子文来到上海。目的是一方面劝蒋不要搞分裂活动；另一方面是控制上海和江浙一带的财政金融，使武汉政府有可靠的经济来源。

宋子文到达上海的第二天便去拜会蒋介石，二人似乎谁也没有想起以前的不快，见面很亲热。寒暄之后，宋子文先阐明了来意：

"想必蒋先生也接到通令了，弟这次来上海主持江浙两省财政，望蒋先生支持；另外，武汉方面希望蒋先生能抽空去一次，对一些革命之具体问题相商。"

蒋介石对武汉政府的做法心知肚明，但他并未急于表态，而是很婉转地试探宋子文："子文兄此次来沪经政府委派，中正当然鼎力相助，江浙一带对子文兄是很相信和佩服的，想必你已胸有成竹了吧？""这一切还要仰仗蒋先生帮助才能实现。"宋子文见蒋脸色没有什么变化，便知他为何而愁，

孔祥熙

接着说："至于北伐军的军费，那是应予优先考虑的。"

"我知道你是很有才干的，可惜……"蒋说到这里便打住了。话锋一转，"我以国民革命军总司令部的名义颁发布告，支持你对江浙进行接收处理。"

此后，宋子文成立了三个顾问委员会，邀请上海金融和工商界的头脸人物参加，希望恢复同这些人的联系，以取得他们的支持。

由于宋子文的地位和影响，上海金融界与宋子文迅速建立了良好关系，宋宅经常是宾客盈门，来往者多是上海金融界名人。这一切自然离不开蒋的视线，蒋见宋并无真意支持自己，便多次登门"劝驾"，而且派他的心腹孔祥熙和宋蔼龄来给宋子文"洗脑子"。然而，宋子文只想蒋介石与武汉谈判，这使蒋意识到宋的行为可疑，认为他起着武汉代理人的作用。于是在一次与孔祥熙的谈话中蒋有些忧心忡忡地对孔说："庸之，子文的态度让人担忧，跟着武汉会有什么结果呢？他本来是很有作为的嘛，现在共产党和左派势力越来越大，如不想办法扼制，局势是不堪设想的，你应多劝劝他，认清形势，认清形势嘛！"

孔祥熙当然是心领神会。于是，一次又一次的轮番"轰炸"，使宋子文不得不避开宋蔼龄和孔祥熙，躲在莫里哀路宋庆龄空着的房子里，但他又很快发现青帮的恶棍正在密切监视着这栋房子，这使宋感到恐惧和不安。

蒋介石一面争取宋子文，一面暗中调集部队，召集桂系李宗仁、白崇禧，以及在广州的黄绍竑、李济深迅速到上海共商"反共"策略。在桂系的支持下，蒋"反共"的胆子壮了起来，步子也加快了。

正当蒋介石在上海策划反共清党时，远在法国的汪精卫由巴黎秘密回到上海，准备到武汉复职。蒋闻讯后，当即与吴稚辉去拜访汪精卫，并于4月3日发表了"拥汪通电"表示愿统率各军，一致服从"汪之指挥"。后来，蒋与吴约汪至总司令部会谈，要求汪"很坚决地马上做两件事：一是赶走鲍罗廷，二是立即'分共'"。汪精卫因过去曾与蒋在权力分配上矛盾重重，这次又是应武汉政府"反蒋"之邀回国复职，立足未稳，如答应蒋，势必被蒋控制，所以，汪表示自己"站在工农方面"，以图要挟蒋介石。同时，汪精卫与共产党负责人陈独秀进行了接触和谈判，并发表了《汪陈联合宣言》，称蒋介石"绝无有驱逐友党、摧残工会之事"，希望两党不听信任何谣言，继续实行"开诚合作"。《宣言》发表时正值蒋汪会谈，虽然《宣言》帮蒋介石掩盖了反动阴谋，麻痹了革命群众，但蒋的追随者皆对汪精卫的行动不以为然。吴稚晖尤为气愤，当众讽刺挖苦汪精卫。蒋却当场制止了吴，说汪的行为是可以理解云云。

北伐时期的李宗仁（右）与白崇禧（左）

当汪精卫秘密乘船离开上海后，蒋介石对吴稚晖等人说："我早料到留他不住的，不过，《宣言》可以帮我们的忙……"

随后，蒋介石开始公开撕下面纱，发动了南京"四·一〇"事件和上海四·一二反革命政变。事变后，蒋介石发出"清党布告"和"清党通电"，命令各地、各军对共产党"严加侦察"，凡被"举发者"即"以非常紧急处置"，"就近知照公安局或军警机关"实行"看管监视"。四·一二反革命政变是蒋介

北伐时期任国民革命军总参谋长、黄埔军校副校长兼广东省省长的李济深。

刚刚回国的汪精卫与陈独秀发表
"汪陈宣言"。

石公开背叛革命、准备在南京另立中央的又一严重步骤，他的阴谋得逞了，他控制了以沪、宁为中心的东南地区，完成了在南京建立政权的准备工作。

就在蒋介石背叛革命时，上海的金融界找上门来。原来蒋为维持其庞大的军费开支，向上海的金融界和企业家"贷款"。但这些银行家和企业家们似乎对蒋介石同武汉政府的关系没有完全明了，他们不甘心将钱"白白给"蒋介石，而自己却得不到靠山。于是这些人便将目光集中到了武汉的财政部部长宋子文身上，纷纷登门上访，要求宋子文以财政部部长的名义签字，讨一张偿还"贷款"的书面担保。他们这样做是因为一来宋是武汉政府财政部部长，二来宋家是名门，宋子文享有声望。但这些人却在宋子文面前碰了钉子，宋以"政府未曾有此动意，弟不敢贸然决定"为托词，当然是拒绝签字。

蒋得知这一情况后，十分恼怒，除了背后免不了骂几句"娘西匹"之外，蒋置宋的权力于不顾，未征得宋子文同意便私自派出财政官员与上海金融界交涉。

蒋介石凭借国民革命军总司令的军事实力，控制了东南，为其另立国民政府铺平了道路。

4月17日，蒋介石在南京召开了所谓的"国民党中央执行委员会政治会议"，接受胡汉民的提议，称南京方面为"国民党中央政治会议"，推胡汉民为中央政治会议主席；决定南京国民政府之印为"中华民国国民政府"，并宣布"即日办公"。

4月18日上午，南京国民政府于丁家桥旧江苏省议会举行成立庆典，蒋介石、胡汉民、张静江、吴稚晖、蔡元培、李宗仁、白崇禧、何应钦、古应芬等被选为委员；胡汉民为政府主席；伍朝枢任外交部部长；古应芬为财政部部长，蔡元培为大学院院长。会后，南京政府宣称已将武汉政府的司法部部长徐谦、交通部部长孙科、财政部部长宋子文一律免职，并令其他部长表明态度，未表明态度前，南京暂不任部长。

4月20日，蒋介石派人封闭了宋子文在上海的办事处。蒋介石的做法使宋子文反感，在很多蒋氏幕僚登门劝其脱离武汉，断绝来往，就任南京财政部部长时，宋子文都是无动于衷，迟迟不肯低头。但精明的蒋介石岂能看不出其中奥妙，宋并没有在公开场合揭露蒋的行为，而且最重要的是武汉方面不断派人来到上海，劝宋离沪赴汉，宋始终没有表示回汉，这说明宋开始动摇了。于是，蒋打出了最后一张王牌——封闭了宋子文在广州苦心经营的银行。宋子文感到绝望了，他开始灰心，无事可做，整天待在宋庆龄空着的房子里。

6月，宋子文迎来了他在美国的朋友——记者希恩。当希恩了解到宋子文的处境后，对宋说："T.V（宋英文名），同我一起离开这里吧，我们乘英轮离开上海，我保证你的绝对安全。"宋子文想了想，"好吧，那就请你以广州王先生的名义给我买张船票，最好与你同舱。"

宋老夫人

"那是当然的！"希恩说。"你到过武汉，那边情形怎么样？"宋很关心武汉的事态发展。当希恩将所了解的情况告诉宋子文后，宋开始沉默了，好长时间才对希恩说："离开上海的事还没有征得家里人同意，等我回去与他们商量一下再做决定。"

当晚，宋子文回到家中，把要与希恩离沪赴汉的想法告诉了宋老夫人及孔氏夫妇，立刻遭到这些人的强烈反对。

"T.V，武汉现在到处是赤色分子，罢工、游行、集会到处都是，你去能干什么呢？你在那里又能有什么作为呢，不会有人支持你的做法的，你的特长在那里不会得到实现的……"大姐宋霭龄首先站出来劝阻。

"霭龄说得对，蒋先生一向很看重你，他的前途是无量的。只有他才是

宋庆龄和宋子文

中国的希望，现在的形势使许多元老们都在向他靠拢，他掌握着中国现在近半数的军队。而武汉就快要变成赤色的天下了，你的根基在这里，没有蒋你很可能一事无成……"孔祥熙自然不会错过奉劝之机。

宋老夫人也在孔氏夫妇的影响下向宋子文施加压力，要宋不要离开上海，至于为谁效力，那自然不是她所关心的。这样，宋子文终于改变了回武汉的想法。

第二天，他心事重重地对希恩说："我没有理由去（武汉），你看，事实上，我不是一个社会革命者。我不喜欢革命，不相信革命。如果劳工政策使所有的商人和工厂老板吓得不敢开业，我怎么能平衡预算或使货币流通呢？我无法使中央执委会理解……看看他们把我的钞票弄成什么样子了，我的多好看的钞票啊！它们膨胀得一文不值了……"

"唉，我姐姐……我姐姐不理解。谁也不理解有多么困难。我怎么知道回汉口后不会被暴民拖出财政部，撕得粉碎呢？武汉方面在军事、外交等方面都在亟须解决困难，我怎么知道我能制止货币贬值？如果他们不断鼓励罢工和群众集会，那么我干什么都是无济于事。现在他们让人民处于想入非非的激动状态，他们肯定要失望的，他们将得不到结果，而我又能有什么作为呢？……请想想，我是不讨人喜欢的，我从来没有讨人喜欢过。那些暴民更是不喜欢我，他们都知道我不喜欢罢工和群众集会，我的想法与做法与他们格格不入，去年冬天要不是士兵及时赶来，我很可能被他们拖出去杀了，这种情况下，我能怎样？……"

随着希恩无奈地离开，宋子文也在来自蒋介石方面的压力下动摇了，决心留在了上海。

这时，蒋再次出面劝宋任职于南京政府，同武汉彻底脱离关系，宋眼看国内的局势变化，在其家族的影响下，终于倒向了蒋介石，表示愿意参加蒋介石集团的活动。

宋子文一倒向蒋介石，就开始为他而四处活动。1927 年 7 月 12 日，宋子文到了武汉，他这次回来带着蒋的要求：武汉政府立即抛开共产党人和鲍罗廷，同南京联合，没有商量的余地，当晚，姐弟相见，宋子文向来是敬重宋庆龄的，但他又身负"劝驾"使命，于是宋子文硬着头皮将宋霭龄、孔祥熙等人劝他的话都说给宋庆龄听，尽管他很清楚二姐很讨厌蒋介石。宋庆龄很坚决地表示不愿与蒋合作，并且将继续与其斗争。

西山会议会场

宋子文虽然在其姐面前碰了钉子，但他此行的目的基本上达到了，那就是劝汪"分共"。

这时，在国民党内部，实际存在宁、汉、沪三派势力。所谓"沪派"即"西山会议派"，这一派以邹鲁、林森、谢持等人为骨干，在该派形成时，蒋曾叫喊"打倒西山会议派"的口号。南京政府成立后，蒋开始拉拢西山会议派为其摇旗呐喊。到 7 月时，宁沪实际已经合到一起，但蒋很清楚，他的真正对手是武汉方面。

所幸的是宋子文从武汉给孔祥熙发来密电，密电称汪已同意"分共"，善后要以蒋承认武汉为正统、拥戴汪为主席、蒋下野等为条件。当孔祥熙将武汉方面的消息转达给蒋时，蒋只是微微一笑，向孔祥熙说："你发电给子文，就说我基本同意该意见，等事情有了结果再细商。"

蒋介石给了汪精卫一颗"定心丸"，但在武汉的汪精卫在"分共"的同时也在加紧反蒋。汪调唐生智和张发奎部回师武汉，部署沿江东下"东征"，目标当然是南京。

蒋汪在"反共"的本质上是一致的。7月15日，汪精卫召开武汉国民中央常务委员扩大会议，决定公开提出制裁共产党，正式宣布立即"分共"，制造了七·一五反革命事变。在"宁可枉杀一千，不可使一人漏网"的反动口号下，大规模地逮捕共产党人和广大革命群众，进行反革命的大屠杀，中国革命遭受了极其严重的损失。

就在七·一五反革命事变刚刚结束，汪精卫立即将宋子文请来，再次提出了要蒋介石承认武汉为正统，要求蒋下野，宁汉合作。宋子文立即给蒋发去密电，转达武汉的意思。南京很快传来消息，电文是公开性的，蒋在电文中指责汪精卫勾结共产党，拒绝与汪进行和谈。于是，宁汉间开始了电报文攻，转而进入了准备武装争斗的行动。汪精卫任命支持武汉的唐生智为"东征"军总司令，向江西增兵，一时间战云笼罩宁、汉之间。

就在此时，久已窥视中国的日军乘宁、汉对峙时由青岛开入济南，支持北方军阀，公开加入中国内战。直鲁联军会同孙传芳部反攻南京军，重占徐州，南京北伐军损失惨重，退回到苏北一线，南京政府大为震惊。

蒋介石当即在南京召开军事会议，决定迅速夺回徐州。以振声威，蒋亲自任指挥，反攻徐州。同时，蒋介石针对武汉方面的虎视眈眈，派心腹孔祥熙到北方的冯玉祥部做联络代表，表示绝不会与奉系军阀联盟反冯，而且给冯的军队以经济支持，这样，冯玉祥倒向宁方，派部下孙连仲驻兵武胜关窥测武汉，牵制其东征讨蒋。

但没有后顾之忧的蒋介石却出师不利，被直鲁联军和孙传芳的部队在徐州打了伏击，蒋亲率的第三路军几乎全军覆灭，而白崇禧的第二路军几乎是纹丝没动地控制了南京周围。

恰在此时，一心热衷于调停宁汉矛盾的冯玉祥再次致电宁汉双方，建议召开国民党二届四中全会，消除分歧，结束党争。8月6日，冯玉祥致电蒋介石、李宗仁、胡汉民等，称"既然宁汉一致'反共'，志同道合，应迅速合作。"南京

冯玉祥的部将孙连仲

虽表示可以合作，但武汉汪精卫却复电冯玉祥，表示同意冯的意见，但不但要和共产党，而且要和一切假革命派（当然是指蒋）决一死战。其意很明显。——坚决要蒋下台；但蒋、胡却坚持反汪、唐为先决条件，双方争持不下。

然而，没过十天，蒋便主动下野了，原因除武汉方面外，主要是来自南京内部——一直与蒋貌合神离的桂系。

就在蒋汪闹得不可开交时，一直很"支持"蒋介石的桂系李宗仁和白崇禧发表谈话，表示"不管长衫佬（蒋介石）赞成与否，我们主张合作。"这多少令蒋感到有些四面楚歌的味道——东征军唐生智部临江直达芜湖，直鲁联军和孙传芳虎视南京，李宗仁和白崇禧背后又暗中踢脚，就连很支持蒋的胡汉民也多少表露出支持桂系，这使蒋很清醒地认识到——除下野外别无他途，不过，就是下野，蒋也要给足自己面子。

蒋惨败徐州后，在逃回南京的途中就让"文胆"陈布雷给他起草了下野宣言预备。回宁后，蒋召集李宗仁、白崇禧、胡汉民、李烈钧、吴稚晖等召开党部会议。会上，蒋介石仍然以总司令的身份要求白崇禧向武汉东征军进攻，解除来自武汉方面的威胁。

"总司令，"白崇禧不紧不慢，"事实上，武汉方面希望和平，我们也当然希望和平，更何况，打起来，我们的力量不行，最重要的，现在是合作的良好时机，错过很遗憾，我是支持和谈的。"

蒋介石侍从室第二处人员合影（右四为陈布雷）

蒋听到这里很生气，但他没有拍桌子，而是站起来言不由衷地说："既然这样，我就走开，让你们和好了。"白崇禧毫不客气，"我看此时为团结本党，顾全大局，总司令离开一下也好。""健生，总司令为本党之梁柱，此时又值党争纷乱、北伐之关键，你怎么能劝总司令离开呢？"吴稚晖很生气地站出来反驳白崇禧。蒋介石有了支持者，便把询问的目光投向何应钦，而一向与蒋密切合作的何却默不作声，其意很明显表示支持白。蒋又问李烈钧，李称同意蒋"先休息一段时间"，最后，李宗仁表示"请总司令自决出处"。这种情况下，蒋只能下野。

8月13日，蒋介石在上海发表了下野宣言，带着随蒋多年的秘书长邵力子、陈果夫、张群等人回到老家奉化溪口，住在了雪窦寺，蒋虽是下野之身，但在奉化却没有休息过一天，随着蒋的辞职，16日，胡汉民、吴稚晖、李石曾、张静江、蔡元培发布了所谓"五委员联名宣布引退"之函电，南京被桂系所控制。随局势的变化，奉化每天都接待从远方的来者，蒋介石也是每日数信给其亲信们，当然是要其亲信控制住势力，准备东山再起。

在蒋下野不久，宋子文来到了奉化。二人相见后，宋子文将南京和武汉方面的情形详细说给蒋听，然后询问蒋的打算。

"要不了多久，我就会回来的。"蒋向宋当然会道出真实意图，"现在时局纷扰，党内很复杂，乱得很，让他们去闹好了，我现在是静慎谨守，不能跟他们这样搅，那样会成为众矢之的的，现在的退当然是为以后的进，到了一定时候，他们会来找我，残局还得有人出来收拾嘛。"

"蒋先生有什么打算？"

蒋介石略一沉吟，"子文兄，我打算东渡日本，并做一年环球之游，去日本是想看看此时日本人对我国的意见以及隐伏于表面之下的政治潮流。另外，老夫人现在日本，我与美龄之事还须她老人家同意，希望子文兄帮蒋某完成此夙愿，代为安排。"

蒋介石的诞生地——浙江奉化溪口镇玉泰盐铺老宅原址

蒋介石的老家奉化溪口玉泰盐铺老宅报本堂内景

"那好，我这就回去安排，一切妥当后先去日本，详情电文商量，那么，什么时候动身？"

"我打算9月中下旬动身去日，这段时间将国内的事情安排一下，另外，我还要和静江先生电商一下。"

9月下旬，蒋介石和张群等离开奉化到达上海，住在拉都路，做出国前准备。

蒋到上海，胡汉民、吴稚晖、何应钦立即前往拜访。蒋很清楚他们的目的是要求其留下，收拾残局，但蒋认为时机未到，所以当三人先后表达促蒋复职后，蒋表示很感谢，"蒋某在野之身，诸同志的爱戴，中正很感激，无奈行程已定，

孙中山与蒋介石（后中）、何应钦（后左）、王柏龄（后右）在黄埔军校合影。

而且此去日本，是为最后征得宋老夫人之同意，完成凤愿，更何况，中正决意考察日本及欧美各国，不想再问政事。"

三人不得要领，只得告辞而回。

27 日，何应钦在上海为蒋饯行，席间，何很诚恳地说："希望蒋先生此次日本之行圆满，另外，时局纷扰，诸同志都急盼蒋先生早归，我等更是如此。"

何应钦虽未像桂系那样与蒋分心，但在"逼宫"中却扮演了小丑角色，蒋虽不以为然，但毕竟何与蒋共事多年，而且是蒋得力的军事助手，所以蒋仍以抚语安慰何，"敬之（何应钦字）兄肺腑之言，中正自当铭记，我等均应以总理之语自勉，'革命尚未成功，同志仍须努力'。"最后，蒋说了句意味深长的话，"来日方长嘛。"当然，这话并非只是说给何应钦听的。

此时，宋子文已经将一切都安排妥当。

1922 年后的蒋介石

28 日，蒋介石与张群等乘日轮"长海丸"号奔赴日本，蒋要完成一件对于他一生很重要、又是转折点的事情。

蒋介石五年苦心追求，终成正果；从反对到支持，宋子文终成郎舅，蒋介石此去日本，最大的目的是征得一直不同意婚事的宋老夫人点头，完成他藏在心中的构想。这件事情对蒋来说非常重要，此中奥妙还需慢慢道来。

时间要推回到 1922 年 12 月初的一天，上海莫里哀路的孙中山家中正举行基督教晚会，身着笔挺军装、新婚燕尔的蒋介石也应孙中山之邀来到这里。晚会的主持人是宋子文，当他以机智而不乏幽默的语言将晚会推向高潮时，仪态迷人的宋美龄出现在人们面前，引得人群中一阵惊呼，本来躲在角落中，对基督教晚会不感兴趣的蒋介石也被宋美龄所吸引了，暗中赞叹宋美龄的美貌与仪态大方，当宋子文将小妹介绍给蒋介石时，蒋极力表现出大方、潇洒，并不吝啬赞美词语，称赞宋美龄的美貌，但此时蒋的心里却不只是赞美一下便完事，他已开始盘算如何将这位宋家小姐娶到手，尽管蒋才新婚一年有余。

与蒋介石新婚的是上海名妓陈洁如，两人感情甚笃。但蒋在见到宋美龄后，便决意追求，表面上虽然与陈恩恩爱爱，但实际已是心猿意马。显然，陈洁如虽貌美如花而且很有见地，但同丰采照人的宋美龄比起来却要黯然失色，更重要的是，野心勃勃、不甘心拜将封侯的蒋介石追求宋美龄除因宋小姐美貌外，最重要的恐怕是蒋想借此争得孙中山和宋子文的支持，因

陈洁如

为蒋介石已经开始认识到，要想问鼎一国之主，在政治上必须继承孙中山的遗产；而在经济上，蒋已经很看重宋子文这位理财专家，靠上海青洪帮的支持他蒋介石难以有充足的后劲，必须要得到西方的支持才行，而在美国有着广泛接触的宋子文是再合适不过的联络人选，有了长年在美国生活的宋美龄，蒋更是有了同西方人打交道的"嘴巴和耳朵"。何况，宋美龄似乎对蒋也表现出了好感与好奇，这更加坚定了蒋的信念，就像打仗一样，蒋在一见倾心后，立刻拟定了一个长期进程的求婚战略。

当年12月底，应孙中山的要求，蒋介石前往广州，临行前，蒋向孙辞行，提出了自己的想法：

"先生，我想向美龄小姐求婚，请先生与夫人帮助。"

"可你不是已经有夫人了吗？"孙中山很迷惑。

"先生知道，毛氏（毛福梅）是父母之命，中正与之毫无感情可言，现在已离异，至于在日本的房侍，现无恋情，已中断往来。目下一人独居，尚无配偶，请先生相信。中正对宋小姐一见倾心，爱慕非常，望先生成全。"

孙中山对蒋的私生活虽不太了解，但也有耳闻，听了他的话以后，想了

19

宋氏三姐妹：大姐宋霭龄（坐者）、
二姐宋庆龄（后左）、小妹宋美龄（后右）

想，坦白地说："不，这恐怕不行。"

"先生，"蒋有些着急地说："中正的生活已翻到了新的一页，准备一心一意致力于革命，别无他求，只希望达到这桩凤愿，先生还是帮帮我吧。"

蒋介石一再恳求，孙中山只得答应，"好吧，我先和庆龄商量一下，不过，这件事主要是看美龄的心思，她可是心高气傲，你先耐心等一等吧。"

当晚，孙中山便把此事告诉了夫人宋庆龄。宋庆龄听后悻悻地说："我宁愿看到美龄死，也不愿看到她嫁给那个自称没有妻室的人！"

"可他对我说他确已无妻室。"

"没有妻室？"宋庆龄不屑一顾地说："据我所知，光在广州他就至少有一两个相好的，外间传言他与上海名妓陈洁如早已同居，这恐怕不是捕风捉影，小妹怎么能嫁这种人呢，叫他死了这条心吧。"

宋庆龄坚决不同意这门亲事，所以，以后每当蒋介石对孙中山提及此事，孙中山总是说："等等吧，再等等吧。"

在对待美龄的婚事上，宋子文是支持二姐宋庆龄的，他曾不止一次对宋氏家族的成员表示，不同意

孙中山去世后的宋庆龄

美龄嫁给蒋——这很重要，因为宋子文是宋家长子，说话很有分量，尤其在宋母面前，这在很大程度上影响了并不了解蒋介石的宋母的想法。所以，当宋美龄开始有意于蒋介石，并开始做母亲的工作时，宋母断然拒绝这门亲事。

"你哥哥跟我说过他，听说他在上海待过很长时间，跟什么帮会搅到一起，一身的流氓习气，听说他在上海还经常到下三流的地方去，到那种地方能有什么好事？我们宋家书香门第，你又受过那么好的教育，你哥哥他们很不理解你怎么会喜欢他，我看这事儿也不妥，你还是死心吧。"尽管宋家多数人反对，但蒋介石并没有死心，他将突破口瞄准了宋蔼龄和孔祥熙，作为计划的实施者，这次他选准了对象。

随着北伐战争的打响，蒋介石被任命为国民革命军总司令，不仅掌握了革命部队的军权，而且，蒋介石还当上了国民党中央执行委员会常委并兼任组织部长，跻身于国民党内的决策层。这使蒋介石一跃而成为国民党中最具实力的人物。与此同时，宋蔼龄和孔祥熙早已站在了蒋介石一边，不厌其烦地对宋家反对这门亲事的人进行轮番"轰炸"，每当宋子文和宋庆龄从广东回到上海，宋蔼龄和孔祥熙都在他们面前对蒋介石大肆吹捧，二人的论调是："蒋介石是国民党未来的领袖"，其"卓越"的才能是无人能及的，前途也是不可限量的，而且蒋对美龄孜求不殆，必能给美龄带来幸福，也必能光耀宋家门庭，等等。

而在这近五年的时间里，蒋介石通过书信的往来，多次的接触，已经捕获了宋美龄的芳心。值得一提的是，在蒋介石攻取南京前，曾给宋美龄发去一封电报："上海美龄小姐芳鉴：请做好准备，三月底接你到南京观光，中正启，二月二十五日。"

北伐军的节节胜利，蒋介石的辉煌战绩虽然已使倾心权势的宋美龄芳心萌动，但她却不太相信这个傲气十足的家伙能在一个月的时间以七万北伐军攻占孙传芳三十万大军把守的大本营。

而现实是蒋不仅很快攻占了南京，而且于3月底前攻占了上海。蒋以休假的名义乘专列来到了上海，接宋美龄到镇江游金山、焦山十余日，叱咤风云的蒋介石以殷勤潇洒、彬彬有礼而彻底征服了宋美龄。

于是蒋介石加紧活动，请他的把兄弟张静江为其出面说媒于宋庆龄，但得到的答复是：这是政治，不是爱情，断然不会同意。

随着蒋介石发动四·一二反革命政变，蒋开始向宋美龄正式求婚，一时弄得满城风雨，这件事被新闻媒介爆炒，宋家内部也因此而争吵不休。于是，一个专门为讨论宋美龄婚事的家庭会议召开。首先开口的宋老夫人并不忙于表达意见，而是让这些人先发议论。

"我看这是件好事，众所周知，他（指蒋介石）现在是北伐军的总司令，年轻而有为，已经跻身于党内的决策之层，又手握军权，这是很难得的，此人的前途当然是不可限量的，我们宋家曾因总理在世时光耀过，那么在总理之后，将宋家发扬光大的只有他，而我们宋家也只有倚靠此人才能继续荣耀。最重要的是，他对小妹倾慕，一直追求了五年，也可见其诚意，小妹嫁给他必能幸福……"

"蔼龄的话不假，现在时局纷乱，中国之统一重任必落蒋之肩上，纵观党内外，领袖群雄非他莫属，我对此是深信不疑的……"孔祥熙自然是站在宋蔼龄这边。"哼！"宋庆龄显然很不满意两人对蒋的吹捧，慢慢地说："他的官职不假，军事才能也是真，可别忘了，这是政治，不是婚姻。他蒋介石口口声声以总理学生自居，可他都干了些什么？表面上叫喊实行三民主义，背地里破坏总理的三大政策，屠杀革命同志，制造恐怖，其野心已昭露无遗，他蒋介石将来会有什么结局谁能料到，恐怕说其领袖群雄过早。"

"对，成败还是未知数。"宋子文站了起来，他同意宋庆龄的看法，"当然，众所周知，他确实是位军事家，很有才能。可我要说的是人品，家有妻室儿郎，还嫖妓，绯闻不断。

妻妾成群却誓言旦旦叫嚷自己是'清白之身'；另外，他蒋介石在上海滩长年混迹，与青洪帮称兄道弟，满身的流氓习气，头脑中更是装满了帝王将相腐败的安邦定国的思想，美龄从小在美国长大，接受的是西方教育，这怎么会有共同点呢？除去政治上的目的，还能有什么？这里根本不存在爱情。"

"不，我们是相爱的，你怎么知道他不爱我？"宋美龄显然有些着急，因为宋老夫人除去最疼爱宋庆龄外，对宋子文的话是很听得进去的。

"你还小，不懂，这是政治。"宋子文不想多讲道理。

"你懂政治，我不懂，我就知道他是爱我的，我不管那么多。"宋美龄显然耍起了小姐脾气。

"不要胡闹！"宋子文也是肝火上撞，"我难道不是为了你好吗？好！既然这样，今后我再不管你们的事，不过我要讲明，我是坚决不同意！"

"不要吵！"宋老夫人终于开口，"美龄啊，你阿姐庆龄和你哥了解他，我相信他们的话，我们宋家是最容不得嫖妓一类的事的，他是个军人，我们是书香门第，这不匹配，另外，听说他不是基督徒，不信仰上帝，与我们格格不入的，所以我是不同意这门婚事的。"

宋老夫人的话结束了这次家庭会议，虽然不同意这桩婚事的意见占了上风，但没过多久，宋子文的态度便发生了变化。

前文我们说过，蒋介石建立南京政权后，宁汉开始对峙，宋子文被派往上海，在宋蔼龄和孔祥熙的多次开导下，在蒋介石使用各种手段的压制下，其并不坚定的革命性发生动摇，躲在上海静观局势变化，虽然宋子文还在嘴上没有表示松动，但异常精明的宋蔼龄岂能看不出其中奥妙，在一面劝蒋多加拉拢的同时，一面请来了孙中山的生前好友，国民党元老谭延闿做宋子文的工作，给他找个台阶下。在宋子文进退维谷的时候，谭延闿来到了宋家。

蒋介石与宋美龄的牵线人之一谭延闿

谭延闿在先拜会完宋母之后，将宋子文叫到了密室，在详细问明事情的经过后，谭开口相劝："子文，我是看着你长大的，对你的秉性很了解，能理解你的心情。可是，现在是新社会，就是子女的事情父母都不应该多管，更何况是兄妹呢，你受过那么高的教育，又长期在美国生活，这些道理相信是明白的，这样僵下去只能徒伤兄妹感情，而且让别人笑话，何苦？今天我就是为这事专程来的，我作为你父亲和孙先生的朋友，不愿意看到你们家为这事而伤和气，何况美龄已决定以身相许……"谭延闿作为宋的长辈很受宋子文的尊敬，何况宋已经动摇，所以在谭说完后，宋子文默然点头，表示同意。

但由于宋老夫人还是坚决反对这门亲事，所以事情还僵持着，可这难不倒宋霭龄，她很快便想出一条妙计，对宋老夫人说："国内局势紧张，不利于健康，妈妈何不到日本去度假？到了日本，既可到长崎拜访久违的朋友，也可到风光优美的镰仓进行温泉理疗，您年纪大了，怎样舒心就该怎样过。"

"这个主意不错！"宋老夫人很乐意东行，接受了这个建议，但她提出了要求，"我不能自己去，得让美龄陪着我。"

姐妹俩虽然商量好了调虎离山之计，无奈老夫人坚持要美龄同行，她只好答应。

这时正值蒋介石被迫下野，宋美龄将即将旅日的计划告知蒋，蒋立即寄回一封热烈的求爱信：

"余今无意政治活动，惟念生平倾慕之人，厥惟女士。前在粤时，曾使人向令兄姊处增意，均未得要领，当时或因政治关系，顾余今退而为山野之人矣，举世所弃，万念灰绝，曩日之百对战疆，叱咤自喜，迄今思之，所谓功业，宛如幻梦。独对女士才华容德，恋恋终不能忘，便不知此举世所弃之下野武人，女士视之，谓如何耳？"

宋家小姐的反应当然一如既往，宋美龄深信他所崇拜的"中国拿破仑"总有一天会回到权力的顶峰。于是在出国前，便在上海爱盛西路宋霭龄家中举行了记者招待会。会上，宋霭龄向记者介绍了蒋介石和宋美龄，并宣布"蒋将军将同我小妹喜结伉俪。"于是镁光灯频闪，第二天许多报纸都登出了蒋宋携手并肩的照片，全世界的人都知道了宋家小姐将要与蒋总司令结婚，但只有宋老夫人被蒙在鼓里，安心地带着宋美龄开始旅日，看望朋友。

于是接下来便出现了前文的那一幕，蒋介石带着张群等人乘船离沪，于第二天到达日本长崎，发表了简单的讲话，称："余此次来日，乃欲观察及研究十三年以来进步足以惊人之日本，以定未来之计划。且余良友居日甚多，欲借此机会重温旧好，并愿意借此与日本名流晋接。"当日，蒋介石即前往云仙。

宋老夫人此时也在长崎，当她从新闻听得知蒋也来到日本后，立刻带着小女儿离开长崎横穿日本本土，来到了神户，住进了有马大旅社。没承想，刚刚落脚，儿子宋子文便来了，宋老夫人既惊喜又疑惑，"你怎么也来日本呢？怎么这么快就来了？他来干什么？"

"他"当然是指蒋介石，宋子文倒是很实在，开门见山地说："妈妈，我这次来看你，也是帮蒋先生做媒的。"

"做媒？"宋老夫人很疑惑地看着宋子文，"你是一直反对这件事的，现在怎么？怎么变了？"

"对，变了，我改变了想法，我通过与蒋先生的接触，逐渐改变了看法，目前虽然蒋先生是下野之人，但据我观察，国内那个破烂摊子非蒋出来收

1927 年 9 月，蒋介石第一次下野后访问日本，拜会涩泽荣。

拾不可，国民党还要靠他，而我的特长也只能在他组成政府后，在这种环境下才能得以施展，两家联姻，对大姐，对我都是有百利而无一弊的，尤其对小妹，她很快就会成为'第一夫人'。另外，小妹也是 28 岁的老姑娘了，您也不希望她永远这样下去吧……"

前面的话宋老夫人虽不爱听，但最后几句却令老人怦然心动，对呀，宋美龄已经 28 岁了，这是不容忽视的现实。

宋老夫人沉吟良久，她现在也只有面对现实，"好吧，你通知他，过两天我单独见见他，让他尽快赶来。"

在宋子文的安排下，10 月 3 日，蒋介石乘火车到达神户，也住进了有马大旅社，而且是与宋老夫人仅一墙之隔。

当晚，蒋介石终于见到了未来的丈母娘，相见是在宋母住的屋子，蒋在宋子文的陪同下来到屋中，宋老夫人正在屋中看《圣经》，短暂的寒暄之后，蒋介石拿出了与原配夫人毛福梅的离婚证明给宋老夫人看，并正式向宋美龄求婚，老夫人并没有急于表态，而是问蒋，"我们宋家都是虔诚的基督教徒，

我不希望美龄嫁于不信仰上帝的人，希望你能自勉。"

"当然，中正近来闲散家中，对基督之道也略有涉猎，感到教义精深、博大，老夫人勉励之语中正铭刻于心，自当尽力去研读《圣经》，做上帝忠实之信徒……"说完，蒋介石很能抓住时机地递上了订婚戒指。

蒋介石的话令宋老夫人感到满意，"好了，听子文说，你们已经开过什么招待会，公之于世，我不能横加干涉，你能信仰基督，让我感到很满意，既然你和美龄之间没有其他让我挂念的问题，我就同意这门亲事，以后的事情我就不管了。"说着，宋老夫人拿出一本《圣经》送给蒋，算是认可此事。

蒋按捺住心中的狂喜，很有礼貌地告辞出来，迎面正碰上旅舍的老板娘千代子，蒋一把抓住其肩头，一手挥着拳头，"老板娘，成功了，我成功了！哦，对了！写字，我给你写字吧！来，来，你马上替我磨墨！"

蒋达到此行的目的后，对日本各地进行了急行军式的访问，10月底，蒋来到东京，首先会见了日本黑龙会首领头山满，在"反共"上取得一致意见，11月5日，蒋会见了此次访日最重要的人物——日本首相田中义一。会谈在田中私邸进行，蒋访问田中目的很明确，要田中支持他"北伐"，统一中国，建立全国统治，而田中却让蒋以统一长江为宗旨，形成隔江而治，虽然蒋为争取支持曾表示"满蒙问题容易解决，排日行为当可绝迹"。但在抱着侵略中国野心的田中那里，蒋没有得到希望，正如蒋在离开后对张群所说："综合今日与田中谈话之结果，可断言其毫无诚意，中日绝无合作之可能，余此行之结果，可于此决其为失败。"

东方不亮西方亮，从国内传来的消息足以让蒋介石精神振奋，早在10月20日，当宋子文拿着张静江、李石曾等催蒋回国电文给蒋时，蒋就感到时机开始成熟了。表示"当前时局已不容袖手旁观。"当晚，蒋、宋、张三人密商，张群和宋子文分析时局，认为蒋应该取消游欧美的计划，"汪先生也拍来电报"，宋子文指着文稿说，"他催促先生早些回去呢，不到已经不可收拾，他汪精卫是不会想到先生的。"

"子文说得对。"张群附和。"不过，现在国内的局势是否已到了他们所说得那么严重？马上回国是否有些仓促之感？当然，欧美看来是去不得了。"

　　"岳军（张群字）说得有理，我想好了，我先写封信给汪，子文兄明日就启程回国，先到广州与汪谈一下，我和岳军过两天去东京，会见完田中首相后即回国，另外，"蒋说到这，站起身来走到宋子文身边，"请子文回国后抽空帮助中正先偏劳一下，准备一下婚事，即使时局允许我复职，我也准备将婚事办在复职之前。"

　　10月21日，宋子文提前回国，到上海后，宋子文便开始为蒋的复职四处奔走。

　　谈起蒋复职，我们不能不交代一下背景：桂系上演"逼官"戏，蒋以退为进下野，南京政权被桂系掌握，宁、汉、沪（西山会议派）开始酝酿妥协，但西山会议派提出要汪引咎辞职（理由是汪依靠的广州张发奎部被"八一"南昌起义的中共部队打垮），在挤压下，汪精卫被迫宣布引退。9月16日，代行中央职权的国民党中央特别委员会成立，这是控制南京的李宗仁拉着谭延闿、孙科、李烈钧等组成的，作为国民党的最高政治机关，而由特委会重新组成的国民政府和军委会实际被桂系操纵。被一脚踢开的汪精卫跑到武汉，再次依靠唐生智反对南京，于是桂系出兵讨唐，唐败逃日本，汪精卫又由武汉跑到广州，继续打着反对特委会的旗号，桂系虽然控制了两湖，但这不能不引起各派的不满，就是在桂系控制的特委会，谭延闿和孙科等与桂系也是貌合神离，在这种矛盾复杂的情形下，宋子文回到了国内。

　　10月30日，宋子文在沪匆匆办理了一些婚姻筹备工作后，便迫不及待地带着蒋的亲笔信离沪赴粤，11月2日，宋子文到达广州，下榻于蔡园汪公馆，当晚，二人密谈，宋子文托出蒋的意图，蒋汪联合密谋驱逐李济深及桂系出粤，在广东建立联合反特委会基地。汪精卫苦于大权旁落，如今蒋介石伸出召唤之手，汪宋似乎一拍即合。

　　4日，汪精卫联合李济深、陈公博及宋子文等在粤的中执委宣称："此间同人之意……特别委员会应即取消，最低限度，亦宜明白停止其职权，并宜于正式会议以前，在广州或上海先开预备会议。"宋子文完成赴粤任务，于7日离开广州，途中，宋公开对新闻界表示，宁粤提携已经成立，拟更为之斡旋，以谋切实办法。此次赴沪意拟探询宁方国民党之意见；广东希望和平甚殷，该省经济状况，因战事不已，殊形不佳。目下人民负担沉重，商界尤甚，故亟须安宁至少二三年，以事休养。回到上海后，宋子文再次表示对召开国民党各派合流的二届四中全会颇具信心："尚在上海开会而足法定人数者，则四次执监大会能举于沪宾，当能见诸事实。"

宋子文此次赴粤，为蒋汪牵线搭桥成功。就在宋子文回到上海的当日，蒋介石也从日本回到了上海，下榻于吴忠信公寓。蒋在回国的当天即向广州的汪精卫、顾孟余等发电，邀汪等"赴沪共商召集四中全会预备会议事宜"。声称："若欲使本党复归完整，非互相谅解，从速恢复中央执行委员会不可"。表明了与汪合作驱逐特委会的态度。

此时，广州的汪精卫正在举行留粤中委葵园会议，讨论召开四中全会问题。汪接电后，立即停止会议，决定由汪精卫和李济深赴沪。18日，汪、李到达沪，宋子文亲赴码头迎接。汪稍事休息后，旋即赴宋公馆，与已等候在那里的蒋介石会谈，二位明争暗斗已久的敌手因共同的利益坐在了一起。两人一致同意召开四中全会解决党内争论问题，汪表示支持蒋复职。就在汪精卫离开广州的第二天，即11月17日，汪的支持者，广东军阀张发奎在汪的秘密授意下，伙同黄淇翔、薛岳等，以"护党救国"为口号，声言打倒"新桂系"，围搜李济深、陈济棠住宅，谋捕桂系黄绍竑，发动了广州事变。这是宋与汪早已密谋好的，结果黄绍竑逃往梧州，桂系被驱逐出了广东。

22日，南京各民众团体和省市党部集会。提议取消特委会，会后游行中，特委会命军警开枪扫射，打死三人，打伤数十人，酿成"一·二二"惨案，蒋介石闻讯，立即发表谈话，表示对此"愤慨实极于极度"。表示不能"坐视"，要"惩戒"负责者，趁机对特委会施加压力。

就在蒋即将复出重掌大权时，随着新婚日期的临近，宋子文也是日日操劳。蒋与宋的婚礼不同于寻常百姓，不仅场面要宏大，来宾很多且都是显要，而且由于要经过两次仪式，所以程序很复杂，蒋又忙于复职，所以宋子文一手操办此事，经过短期而紧张的筹备，12月1日，蒋宋婚礼如期举行。

婚礼当天，蒋介石在《申报》上登了两则启事：一是蒋宋联姻；二是离婚申明，在离婚申明上蒋称："毛氏发妻，早经仳离；姚陈二妾本无契约。"明眼人谁都清楚这是谎言，因为最起码蒋陈是有手续的。

下午3时5分，在西摩路宋公馆举行了教会式的婚礼。本来，一向虔诚

的宋老夫人请与宋家关系极好的
江长川牧师来主持宗教婚礼。但
江长川却断然拒绝了宋家的请求。
因为在江长川看来，蒋介石的离
婚是片面的，没有法律依据，手
续尚未办清，按基督教规定，他
不能为重婚者主持婚礼。虽然宋
老夫人再三恳请，但江长川不为
所动。所以，无奈宋家只好改请
基督教青年协会总干事余日章主
持。蒋宋二人结婚公开宣布的证

蒋介石与宋美龄婚礼照

婚人是蔡元培、余日章；介绍人是谭延闿、王正廷。婚礼分两次进行。下午
3时，先在西摩路宋家由余日章主持举行基督教仪式婚礼，美国海军上将布
里斯托尔带一队美国海军参加观礼。接着，下午4时，在上海豪华的大华饭
店舞厅举行了"中国传统味道"的婚礼。蒋宋二人的婚礼在当时的中国是最
隆重和最显赫的。富丽堂皇的大华饭店外布满了大批的侦探和青帮打手；礼
堂内摆满了鲜花，在临时搭起的礼台上方是孙中山先生的巨幅画像，两旁是
国民党党旗和国旗，左右是醒目的"福、寿"巨字，各厅内各界赠送的礼物
丰厚、琳琅满目，参加婚礼的国民党政军要员，
英、美、法、日、挪威等国的驻中国总领事
及高级将领1300余人，使婚礼既有浓厚的外
交色彩，又有强烈的政治气氛。已过不惑之
年而且秃发脱齿的蒋介石与美貌绝伦、刚至
而立之年的宋美龄引起了国内外广泛的议论，
有的说，此中奥秘比教义还多；有的干脆画
幅漫画，以一堆枪械伴着一堆金钱为题；还
有的戏称其为"中美合作""政治结婚"；
等等。

　　无论人们怎么议论，蒋介石的目的经五

蒋介石与宋美龄婚礼见证人
之一蔡元培

29

年的苦心经营，终成正果。不过笔者以为，结婚只不过是寻找其中价值的手段，在结婚当日蒋发表的《我们的今日》一文中似可寻出余音，他说："我今天和最敬爱的宋女士结婚，是有生以来最光荣、最愉快的事。我们结婚以后，革命事业必定更有进步，从今可以安心担当革命的大任……我们的结婚，可以给中国旧社会以影响，同时又给新社会以贡献。"蒋的"革命事业"当然是指其独裁的道路，通过联姻，蒋与已故孙中山成为连襟，政治影响自不必说，更重要的是，蒋一向赏识和看重的金融专家宋子文成为其郎舅，这怎么能不利于蒋的"革命事业"的"进步"呢？他蒋介石当然可以"安心担当革命大任"，因为他的最大后顾之忧——财政将由其郎舅操办，争得西方的支持又有其妻为他出头露面。蒋向问鼎独裁迈出了很坚实的一步。

结婚当日，蒋宋在200人的护卫下，乘专列前往莫干山青帮寺庙，声称要在那里度蜜月，怡情于山湖之间。其实，为了复职，蒋只在莫干山小住一日，3日返回上海。

3日至10日，经过紧锣密鼓的筹备，国民党四中全会预备会在上海拉都路311号蒋介石新居举行，宁粤与中执监委蒋介石、汪精卫、谭延闿、戴季陶、李济深、于右任、丁淮汾、李宗仁、蔡元培、张静江、吴稚晖、宋子文等参加了会议。会议决定由地方法院、军法处处长等7人组成特别法庭，审理"一·二二"案件；决定取消特委会，先后通过了"政治委员会改组案""改组国民政府案""对苏绝交案""蒋总司令复职案""改组军事委员会案"等。并决定于1928年2月在南京召开国民党二届四中全会。

在这次四中全会的预备会上，汪精卫为报答蒋介石将其从广东请出，亲自在会上亲提出《蒋总司令复职案》，并且奉承地说："中国今日可当中心人物的只有蒋同志一人。"

会后，国民党各派军政人物都怀着共同目的纷纷电请蒋复职，而蒋也借此机会提出更高的价码。他到处举行记者招待会，表示："反共扰乱""我个人完全负责，""必能于最短时期消灭共产党；""继续北伐，军队必能听我指挥，我自信有指挥军队扑灭敌人的能力。"蒋的意图很明显：要其同伙们绝对服从他，以"反共"和继续北伐，统一全国。

由于四中全会预备会的召开，桂系把持的特委会实际已经倒台，蒋复出已成定局，于是李宗仁只得发表谈话，表示一贯拥蒋，在谈话的最后，李宗仁狠狠地对汪精卫大骂了一通，说："汪兆铭的为人，堂堂仪表，满腹诗书。言谈举止，风度翩翩……然汪氏黔驴之技，亦止此而已。其真正的个性，则是热衷名利……既不择手段，也不顾信义。每临大事，复举棋不定，心志不定。……"

留学日本时期的汪精卫

虽然李宗仁背后踢了汪精卫一脚，说汪对蒋是时拥时反、反复无常之辈，但定局既成，李宗仁只好暂时收起问鼎之心。与蒋又开始了貌合神离的合作。

蒋介石联合汪精卫打击了桂系，只是他计划的第一步，第二步当然是驱汪以达到独裁。

无独有偶，天助蒋介石。12月11日，中国共产党领导的广州起义爆发，尽管汪精卫对广州起义极力残酷镇压，但蒋介石怎么能放弃这一倒汪良机，蒋介石立密授宋子文联络反汪的监委提出弹劾案，并联合反汪派捏造说汪精卫指使张发奎"纵容"共产党"暴动"。

在一次会议上，被授意的监察委员邓泽如等提出"查办汪精卫集团案"，吴稚晖立即出面表示支持，并上纲上线地说汪精卫是"准共产党"。桂系更是表现出"义愤填膺"，声称要不惜以绑票办法，"与法租界协同拿办汪精卫"。墙倒众人推，一时间大多数人主张惩办汪精卫。但宋子文却出人意料地表示汪是本党同志，曾经为党贡献殊大，出现这种问题应该采取温和方法，由人出面劝其引退，出走为好。蒋立即表示赞同，并称愿意出面"劝汪"出走。

这又是蒋深谋的举动，蒋故意袒护汪派，实际目的在于刺激与汪誓不两立的国民党元老派胡汉民与再造派孙科等人。因为胡汉民的资格比蒋介石要老，对蒋介石独裁是威胁，而孙科以"太子"身份居于财政部部长，也是蒋独裁的绊脚石。

1927年10月汪精卫、胡汉民、孙科的合影（自左至右）。

果然，当7日，蒋"好意"劝汪出走法国后，孙科立即辞去南京国民政府财政部部长职，与胡汉民表示不愿参加四中全会，准备"考察"欧美。蒋介石回国后，在短短两个月的时间里，采取了纵横捭阖的策略，逐个击败了他的许多竞争对手，扫除了他重新上台的障碍。

其后，蒋密约在沪各委员讨论政府人选，召开四中全会具体事宜。在谈到财政部部长人选时，蒋说："继续北伐，完成革命事业仍是本党头等大事，政府正面临筹饷和财政统一问题。要推举资才俱佳之人选，诸同志久在党中，想必有所推荐。"蒋故意不先提议，以免落人以口实。谭延闿接着蒋的话开口："以现在政府之状况说，北伐军事已在发展时期，首都新治，应从训政开始。惟军事政务皆赖于财政者，最为重要，国府方面应以宋子文出面担任，他前在广东办理财政，很有成绩，辅助军事进行极大，现在训政开始，要实行民生主义，更要一方面发展军事，一方面统一财政，子文之经验学识最深，党内同志，希望其在此最短时期，于财政上有重大之发展，以完成北伐统一中国。""的确，谭主席说得对，子文向来光明磊落很以国家人民为重的。"李烈钧也很赏识宋。

经过推举，1月3日，国民政府任命孙科为新设立的建设部部长，宋子文为财政部部长。国民政府公布这一重大变动时，只做了如下说明："总理实业计划，应早实现，查财政部部长孙科，素具建设长才，克承先志，着调建设部长。"至于为什么让宋子文出任财政部部长，国民政府未做任何解释。

1月7日，宋子文通电就职。在通电中，宋子文称："子文自国民政府成立、奉命承令财政，期竭所学，服务党国。去岁四月宁汉分立暂卸任肩，于党国纠纷，民生疾苦，徒懔匹夫之责，愧乏涓埃之助。今承政府之命，续长财政，重以北伐正值进行，又际旧历年关，筹饷安民，两不容缓，财政自不可一日无人主持。各方及各同志复再三敦促，万不得已，只得暂时担任，勉力维持，以期毋负党国。"宋子文从此进入了政治生涯的另一个时期，与蒋介石和南京政府结下不解之缘。

宋子文

　　1928 年 2 月 2 日至 7 日，国民党二届四中全会在南京丁家桥中央党部礼堂举行，会议完全被蒋介石所操纵，通过了 20 余项议案。四中全会完全背叛了国民党一大和二届三中全会的革命精神，背叛了孙中山的"三大政策"，蒋在会上大肆叫嚷，会后的任务仍是"共同一致反对共产党，""不仅反他的主义，而且要反他的理论和方法，"以"坚定的决心，"从"根本来铲除消灭"共产党。四中全会恢复了蒋介石国民革命军总司令职务，可"合法"地"指挥、节制"陆海空各军；党务方面，蒋介石当上了常委，兼任组织部部长；政治方面，蒋是国府委员，被任命为政治会议主席；军事上，他除是总司令外，还是军委常委主席。

　　蒋凭借实力，利用各种手段，采取各种政治伎俩，在四中全会上控制了国民党各个方面，扩大了自己的权力，取得了国民党内部争夺党魁斗争的胜利，暂时统一了国民党。

　　蒋介石权力空前膨胀，宋子文也是如愿以偿，由于裙带关系，二人开始走入一个战壕，从此，蒋介石开始走上独裁的道路，而宋子文则是如影随形、为虎作伥。

第二章　乱世说蒋宋

一、上任伊始，宋靠发行公债艰难度日；
北伐成功，蒋介石借裁兵排斥异己

　　蒋介石暂时"统一"了国民党后，南京政府即决定北伐，驱逐控制着北京的奉系张作霖，蒋介石对宋子文的要求是紧急筹措军费，保证北伐顺利进行。因此，在宋子文正式赴任的第二天便通电各地财政征收机关，要求"竭力扶助"。当然，宋子文很清楚，能够立即向南京当局提供大笔款项的主要是江苏、浙江和安徽这三省，所以宋又于1月8日在南京召开紧急会议，面对到会的苏、浙、皖三省财政长官，宋子文称自己是在"党国多事之秋、财政困难之际"出任财政部部长的，"且目下阴历年关瞬届，军政各费，亟待发放"。宋子文最终目的是要求三省尽快将款解到财政部。此后，宋又采取硬性摊派的办法，勉强在上任不足一个月的时间里从江浙筹到1200万元，勉强维持局面。

　　但显然这些款项难以满足前线战事的需要，蒋介石要求宋子文每5天为其筹集160万元军费，以供给由蒋介石、冯玉祥、阎锡山、李宗仁分任四个集团军总司令的北伐军队，宋子文没有办法，只得采取高压政策，强迫江浙财团筹款和认购公债。

奉军骑兵

为推行公债，宋子文亲赴上海、杭州等地，他通函上海各路商界联合委员会及各分会领袖，称："值兹军事进展，内政改造，百废待举，需款仍殷，而接济前方饷项，尤为刻不容缓之图，仍不能不借助于商民，以期众擎易举。"宋子文要求他们对各商店铺户，广为劝募……克期缴款，以济要需，勿任藉延。

宋子文依靠一些应急性的措施，总算应付了紧急筹款的任务，到了6月，北伐军占领了平津，宋子文才轻轻松了一口气。

北伐既已成功，奉张势力退至关外，这标志着华北地区形式上已统一于南京政权之下，统一财政在宋子文看来已提上议程。于是，宋开始着手行动。

首先，宋子文于6月在上海召开了全国经济会议，邀请了近70名全国主要的银行家、商人、工业资本家和45名省、市政府代表出席。

会上，宋子文首先对与会者承认过去采取高压政策筹款是欠妥的，是迫不得已而为之。然后，宋子文以财政部部长的名义提出了限制军费，采用预算制度的方案。他要求年度军费不得突破1.92亿元，军队限额为50万人。在宋的鼓动下，会议中的非政府人员在虞洽卿的领导下组织了一个国民裁兵促进会，通电南京军事委员会和当时在北京的蒋介石、冯玉祥、阎锡山和李宗仁，强烈要求裁军和限制军费。

紧接经济会议，宋子文又于7月初在南京召开了全国财政会议，通过了经济会议的裁军和限制军费及建立预算制的提案。会议期间，蒋介石对宋子文的提议表示支持。因为自北伐军进占平津时，蒋介石就已开始考虑如何"削藩"了。北伐成功，蒋介石借祭中山在天之灵、告慰总理的名义邀众位宿敌联袂进京，在西山碧云寺祭灵完毕时，蒋就开始迈出"削藩"第一步，称"北伐已告完成，军事应谋结束，裁兵之举，斯其时矣……中正筹思所及，爰拟设裁兵委员会……协同各部及建设委员会办理裁兵事宜。"

蒋说到"做"到，带头辞去国民革命军总司令及军事委员会主席及第一集团军总司令之职，并促其亲信如海军司令杨树庄等辞职，以显其辞职"诚意"。

一时摸不着底的冯玉祥忙从新乡发电挽留，"此时言去，不啻置党国于危难……若（蒋）不打消辞意，本人不敢独留。"而重兵在握的阎锡山和李宗仁不能坐视，他们怎肯丢掉手中的兵权，纷纷通电挽留。

蒋此举意在麻痹冯、阎、李诸人，为其"削藩"铺平道路，并非真的想辞职，野心勃勃的蒋介石怎肯轻易拱手让权呢？所以在众人通电挽留的情况下，蒋携宋美龄畅游金山，转道奉化省亲后，马上回到了原来的职位，理由当然充分得很——诸同志一再挽留，盛情难却。

所以当宋子文提出裁军减费后，蒋介石第一个站出来表示支持。蒋通电冯、阎、李等称"今日非裁兵无以救国，非厉行军政之统一无以裁兵。"随后，蒋公开表示："裁兵能否实行，军政能否切实整理，今已为国家存亡之关键。"

国民党五中全会召开前，蒋宋二人晤谈，谈及裁兵时，蒋介石对宋子文说："你的提案我了解，现在虽然施行起来困难，但蒋某是支持的，中正将尽最大努力配合你，他们那些人都怀着异心的，拥兵自重，这绝不是国家之福！我准备在会上提出《整理军事案》，成立一个编遣委员会，筹划裁军事宜。"

"那么预算额度呢？"宋子文很关心这点。

"准备提议不超过百分之五十，这可以吧？"

"如果能够确实实行，那当然是好的，可是——"宋子文没有接着讲下去，他当然明白蒋此举的意图是想借机"削藩"，可他担心这些手握重兵、面合心异的地方新军阀不肯轻易就范，通过决议也只不过是一纸空文，成立编遣委员会也只不过是个牌位，解决不了实质问题。到头来，受罪的还是他这个财政部长。"中正将调动各方面的力量促成此事，谋事在人嘛，到时子文兄可尽陈裁兵之利害，中正必鼎力支持。"蒋介石给宋子文打气。宋子文别无他途，只有暗中祈祷上帝保佑。

不久，国民党五中全会在蒋回任后敲响了开场锣，会上，蒋介石暗中操纵，使会议任命冯玉祥为军政部部长、阎锡山为内政部部长、李宗仁为军事参议院院长，将三大"总司令"供奉起来，明眼人当然看出这是蒋想"瞒天过海"，下一步便要编遣"削藩"。所以在蒋与桂系李宗仁个别谈话时，李宗仁道破"天机"，对蒋说"我长期住京绝无问题……第四集团军也可由参谋长（白崇禧）代拆代行。"言外之意即表明想整垮我桂系办不到。接着李又说："但我深深感到，冯、阎二人绝难长期住京畿，因为他们二人军中大小事务悉由他们亲自裁决"，言下之意，你蒋介石整冯、阎也是妄想。最后，李宗仁意味深长地说："现下裁兵并非难事，但裁官很难，高级军官的裁遣更是难上加难，若没有统筹之安排，不论亲疏之严格法度，编遣只能是空话。"虽然李宗仁道破"天机"，明确表示如裁军不公将反对，但蒋裁军"削藩"如上弦之箭，怎能不发。

五中全会上，蒋终于通过各种手段对其提议的《整理军事案》得以通过。提案规定：①军政令统一，破除旧日一切以地方为依据，以个人为中心之制度及习惯；②军队收缩，军费在整个预算上不得超过百分之五十；③军事教育归中央统一；④化兵为工；⑤建立空军，发展海军。

这个方案在地方新军阀看来，无疑是蒋借裁兵减费变相褫夺各派兵力，于是向来认为自己应该与蒋平起平坐的各大派系公开抵制召开编遣会议，并向蒋示威：冯玉祥在西安进行阅兵典礼；阎锡山在山西大搞作战训练；李宗仁在武汉实行兵工政策，白崇禧在河北开展军事会操。

但蒋介石的主意已定，他找到宋子文，商议召开编遣会议。"此前我已经和谭主席及静江先生等商议过，裁兵减费是当务之急，编遣也是势在必行，准备在年底召开编遣会，诸同志都认为应请子文兄提出个具体方案，讲明编遣之'核心'问题，我等当尽力斡旋，促成裁军，使国家建设步入正轨，使经济得以恢复。"

经过紧锣密鼓的准备，1929年1月1日，全国编遣会议在南京正式开幕。国民党中常委、执监委员、各集团军总司令、总指挥，蒋介石、胡汉民、吴稚晖、冯玉祥、阎锡山、李宗仁、何应钦、李济深、白崇禧、宋子文、古应芬等出席了会议，刚刚易帜的张学良也派代表列席了会议。开幕式上，蒋介石带领这些心态各异的诸"同志"在孙中山遗像前宣誓"裁兵救国"，表面看来气氛相当热烈。

身为财政部部长的宋子文出席会议，并做了长篇报告，在报告中宋子文提出了全年为1.92亿元的军费预算额和50个师的兵额，并做了说明：预计民国十八年（1929）约可收入4.57亿元，军费按1.92亿元计，已约占41%；但除去旧有债务及必不可少的财政费用外，军费实际达预算的78%，按上述算法，本年财政收支已入不敷出五六千万元之巨。最后，宋子

张学良"东北易帜"后与张群留影

文在会上再次重申过去的说法，即反对那种不讲预算，任意借款和发行债券来维持财政的做法，指出："此在作战期间，商民尚能忍受一时之痛苦，而求全国统一后，乃有彻底之解决。故对于募集债券，则勉应之，对于借款抵押，则承受之，皆恃商民奋其义愤，鼓其勇气，通力合作，一致援助，希望我革命军胜利，不独债券与借款之本息有着……今战事已平，政府绝不能长恃借债，以应开支，而商民亦再无此项财力，以供需求，可断言也。"

宋子文意图通过经济手段来达到裁军减费可谓煞费苦心，但由于蒋借此机想"削藩"宿敌，虽然成立了以蒋介石为委员长的编遣委员会，李济深、冯玉祥、阎锡山、宋子文分别被任命为总务、编组、遣置、经理四部主任，成立了草台班子，但实际上正如宋子文事前所预料的那样，由于各派的反对，由暗中钩心斗角到爆发中原大战，不惜兵戎相见，宋的一切努力都是徒劳的，一切憧憬都化为泡影。

早在召开编遣会议前，蒋介石便单独邀请第二集团军总司令冯玉祥至汤山洗温泉浴，鼓动冯玉祥在编遣会议上争地盘，敦请冯先提出编遣方案。于是，在预备会上冯提出了裁留标准与方案，即强壮者编，老弱者遣；有枪者编，无枪者遣；有训练者编，无训练者遣；有革命功绩者编，无革命功绩者遣。

建议第一、二集团军各编12个师、第三、四集团军各编8个师、杂牌军8个师。这个方案很显然只有提出者冯玉祥感到满意，因为这有利于第二集团军。并没有在这个方案中得到丝毫便宜的蒋介石并不急于表态，而是先稳住阵脚。蒋在会上说："这个方案是一个意向，不是最后的标准，至于这个方案能否成为最后标准还请诸同志讨论，当然，也可以有不同的想法，只要诸位一致认可，我们就通过。"

蒋介石把冯玉祥先卖了出来，使其他各派由反对蒋而一致对抗冯，转移了矛盾，达到目的后，蒋介石多次派人秘密请阎锡山到府，对编遣进行密商。在蒋的授意下，阎锡山抛出了一个方案，即第一、二集团军各编 6 师，第三、四集团军各编 8 师杂牌军 6 个至 8 个师，另外有 6 个至 8 个师由中央处理。很显然阎案不利于冯的第二集团军，使其他集团地位上升，蒋介石也达到了在集团军外还有相当于集团军兵力的中央区的目的，这是蒋介石的囊中之物。

在正式召开的编遣会议上，蒋介石将冯、阎案都同时交付大会讨论，矛盾由背后踢脚走到当面拍桌叫嚷，相互攻讦。尤其是同处西北的冯玉祥和阎锡山吵得更是不可开交。而居中坐镇的蒋介石隔岸观火，李宗仁表示支持阎案，冯玉祥气得以代表应付大会，声称病魔缠身，而阎锡山也借故去镇江、无锡游玩。这时，蒋介石乘机"拉""逼"各派代表表态。经过多天的争吵，多数人赞成阎案。蒋见时机成熟，立即召开全体会议，表示原则上同意冯案，并提议在中央编遣区外，再增加一个东北编遣区。

1 月 17 日，蒋介石抛出了《国军编遣进行程序大纲》，蒋利用这个大纲剥夺了各派已掌握的军权，他将所有的军官任免，军队编遣，部队调防等权力集中到了自己一身。至此，各派才恍然大悟，知道中了蒋的诡计，各派都感到了自己的危机，由相互攻讦转为相互同情，于是各派开始在消极、沉默中谋求对抗。首先发难的是老资格的冯玉祥："北伐成功不久，刚刚打完仗，现在不是编遣军队的时候，应该先体整一段时间再编遣。""现在谈编遣似乎尚早，我赞成冯司令的主张，部队应该先休整。"李宗仁出声附和。"冯司令和德邻（李宗仁）兄说得很在理，我看也应该先休整部队再谈编遣。"

各派系纷纷抵抗，纷纷表示应暂缓，最后，阎锡山站出来说话："我看各位的话很有道理，阎某举双手赞成，这样吧，暂时休会，等到时机成熟，诸位再坐下来谈。"

阎锡山口一开，与会的各派都马上表示同意。蒋介石无奈，只得表示暂不编遣。编遣会议草草收场。各集团军总司令都设法脱身，李宗仁被蒋留住，但白崇禧回到了河北。军政部部长冯玉祥一病而"卧"床不起，不几日竟秘密渡江返回原防，这位蒋介石的义兄给蒋留了封信，算是告别。阎锡山这位内政部部长可能连他的办公室是什么样子都不知道，借故溜回了太原老巢，继续安心做他的"山西王"。编遣会议至此无疾而终，蒋靠编遣"削藩"的目的未达到。

宋子文靠裁军而减费的希望也随之破灭。对宋子文来讲，靠他现在的政治地位还不足以达到目的，因为，在这些钩心斗角方面，比他高明许多的蒋介石尚不能如愿以偿，何况他宋子文。此次会议使蒋认识到靠文来是不行的，要靠武攻，非一见高低，拼个你死我活难以达到"问鼎"之目的。于是，编遣会议后，蒋介石首先将矛头对准对自己威胁最大的桂系，因为随着北伐的成功，白崇禧所部进踞河北，李宗仁的第四集团军总部设在武汉，华南有与桂系关系密切的李济深的粤军，而留守广西桂系老巢的是黄绍竑，桂系势力从南到北，一字长蛇，一旦形势有利即可对蒋形成夹击，蒋则首尾难顾，所以拿桂系开刀势在必行。

深通此中策略的蒋介石首先利用激将法将李宗仁部下夏威、胡宗铎、陶钧激怒，轻率地驱逐了鲁涤平（蒋派人物），给蒋发动战争造成口实，然后暗中派人联络闲居上海的唐生智收拾残部，使依靠唐旧部为主力的白崇禧被釜底抽薪，被迫秘密逃回梧州，此时，虽然李宗仁事先逃离南京，未被蒋下手幽禁，桂系三巨头在梧州相会，但这时蒋已经开始了瓦解桂系的行动，他派人联络桂系俞作柏、李明瑞等人，许以高官厚禄，时机一到即行倒戈。

最后一步，蒋介石派人将粤系领袖李济深骗到南京幽禁起来，并暗中收买了粤系二员大将陈济棠和陈铭枢，而其余的粤系将领在李济深被软禁后曾表示反抗，但并非蒋的对手，于是蔡廷锴、蒋光鼐、余汉谋等步二陈后尘而附蒋，这样，桂粤联盟不拆自散。

这样，前线打起来时，早已预谋的俞、李等人阵前倒戈，桂系大败，虽然李、白、黄三人又做一番挣扎，但无异于螳臂当车，迅速败下阵来。结果李宗仁退避香港，黄、白二人远逃越南，蒋介石牛刀小试即获成功。

就在蒋桂战争时，蒋也时刻未停止对其他派系的防范。冯玉祥左右摇摆，先是暗中助桂，后见桂系难支，便公开出兵拥蒋，墙倒众人推，阎锡山也在山西通电反桂拥蒋，可蒋并不是三岁顽童，他暗中收买了冯系中的将领韩复榘，暗中算计了冯一下，致使冯虽未损兵而折将，至于地盘更是在蒋略施小计下寸土未得。

蒋在疆场得手，信心大增，于是在当年 8 月又召开了第二次编遣会议，会前，蒋介石曾与在上海的宋子文电商裁军事宜，宋建议军队减至 60 万人，每年军费核减至 1.92 亿元。

宋在电文中强调了财政局势很不妙，希望蒋能促成此事。蒋满口答应。

8 月 1 日至 6 日，第二次编遣会议在南京召开，国民党军政要员 300 余人到会，蒋介石在开幕词中大力鼓吹裁兵是"顺应时代的需要，是今日各将领唯一必要的出路……"

然而蒋虽口头上表示自己"立志裁兵，热心裁兵，决心裁兵"，但实际上蒋故技重演，在其操纵下，通过了《国军编遣各部队裁留标准》等提案，规定陆军缩编 65 个师，每师 1100 人。

蒋企图利用这次编遣会议大裁特裁各派兵额，巩固自己的势力，达到军权独揽的目的，但蒋的行动再次遭到抵制。冯、阎、李三人均以托词未参加会议，结果方案又无法通过，而且各小派系军阀开始对蒋不满，矛盾激化。蒋介石的目的未达到。

就在第二次编遣会议结束的第二天，宋子文自上海致电南京国民政府："军兴后，军费恒占全国收入百分之八十，致国计民生将绝。当此统一告成，训政伊始，财政当局毅然以缩减军费确定预算力争，确系为民请命。若政府对此最低要求再无实行决心，则财政前程将不可设想。"

宋子文致电辞职，这是宋看到编遣会议再次轻易地推翻了他计划多时的提案，裁兵减费眼见是遥遥无期，这种形势下，宋无法兑现向国内工商界和资本家们许下的诺言，所以只得以辞职表达不满。

宋电到京，政府自然开会研究对策，蒋介石当然不希望郎舅离职，因为他预见到新一轮的大战即将到来，不可避免，那自己的后顾之忧谁来解决呢？只有宋。所以，蒋在会上表态："中正观该同志在整理财政，筹措军费上的才干绝非他人可以望其项背，现在裁军虽一再努力，无奈各省分离分子所控制的军队多抗命不遵，乃新政府未能解决之严重问题，此时正值党国危难之秋，该同志绝不能离去，中正愿前往，劝其改变初衷。"

委员多数赞成蒋的意见，认为宋离职是党国损失，最后谭延闿表示将由国民政府通电挽留，蒋前往上海劝阻。

7日，蒋介石乘专列至沪，会晤宋子文，郎舅二人见面自然免不了一番客套，还是蒋首先切入正题。

"这次来沪，是奉政府之命挽留子文兄的，中正深知子文兄为党国殚精竭虑，此值多事之秋，还望子文兄能与政府同舟共济，共渡难关。"

"并非我害怕困难，事实上，你也看得到，现在这个形势，我是没有办法的。早在经济会上我就对工商界说我敢代表国民政府慎重声明接受大会通过的提案，可事实上，这两次编遣会议都达不到目的，人家开始在背后指我的脊梁骨，我要继续干下去，除了发行公债，劝那些人给我劝募外还能干些什么？我无法兑现诺言，无法向那些支持我的人交代，这样，我只能辞职。"

"子文兄的苦衷蒋某很理解，可你也能看到，各省分离分子抗命裁军，更有一些阴谋分子想搞独立，新政府没有得到绝对权威，裁军的道路还漫长，此多事之秋啊，诸同志，尤其是中正深切希望子文兄能以党国利益为重，置个人荣辱于身外。会议之后，中正亦是思虑良久，看来裁军减费，树立中央之权威还得双管齐下才行，军事上我有把握，可财政还得靠子文兄鼎力相助，相信要不了多久就会有转机的。"

韩复榘

蒋介石道出心中想法，宋子文本来就非真正想辞职。所以，很快在南京政府通电挽留后，宋即答应复出，通电中，宋表示："所谓确立预算者，凡岁出与岁入关系国民负担者，均应包括在内，非仅限于经常收支而已。此后中央与地方政府，无论何项机关，如须向国内外募债，应由财政当局参加。"他明确表示企图通过对举债借款权的控制，来保证预算的确立。

然而，宋子文的想法很快就被现实改变。

44

8月13日，宋子文在上海宴请银行界代表，商讨再发编遣公债5000万元，其中由海外华侨认购1000万元，其余由上海银行家负责筹募，而这些钱很快又被蒋用来在中原战场上与各派大打出手。

前面我们说过，蒋桂战争中冯玉祥摇摆不定，但寸土未得，于是在蒋桂战争后，蒋冯战争爆发。蒋介石在这次短兵相接中，先是收买了冯玉祥的两员大将韩复榘和石友三，然后许阎锡山以全国陆海空副总司令之职，并贿以巨款，使阎锡山在冯玉祥背后插了一刀，冯很快败退，被阎骗至山西软禁起来。

随后，蒋介石又在蒋桂第二次大战中得手，这时各派开始谋求共同反蒋。恰在此时，阎锡山与蒋介石开始电文争吵，大打电报战。于是各派纷纷云集西北，开始串联共同反蒋。

1930年2月，各派反蒋代表在太原召开反蒋军事会议，原第二、三、四集团军将领57人由鹿钟麟领衔发表函电，列举蒋十大罪状，要求蒋下野，并推举阎锡山为中华民国陆海空军总司令，冯玉祥、李宗仁、张学良（未就职）为副司令，从三个方面集结70万大军，直奔南京。

1930年9月9日，汪精卫（前排右二）、阎锡山（前排右三）等人出席北平国民政府成立大会。阎锡山被推举为国民政府主席。

蒋介石早有准备，除在政治上宣布永远开除阎锡山党籍外，在军事上调集全部嫡系部队南北同时布防，准备大干一场。与此同时，蒋秘密将宋子文请到府上，设宴款待。席间，蒋向宋道出意图。

"子文兄，当前形势危机，那些人已经联合起来，表面上是对抗我蒋某，实际上是想另立中央、搞叛乱，今天请你来，一方面是想请子文兄在经费上鼎力支持平叛，另一方面，想请子文兄帮助筹集3000万元现款。"

"3000万元？这么大的数目？"

"T.V"，在蒋介石身旁的宋美龄解释说，"他们那些人对抗中央，内战避免不了，而谁都看得出，东北的张学良是举足轻重的，听说阎锡山他们已经委任张学良为副总司令，可张现在还没有动静，介石向来欣赏张将军的为人，准备派人前往东北劝说张不要与那些人同流合污，为了表示诚意，所以——"

"既然这样——，那好吧，我只有暂时先挪用一下，不过，这么大的数目恐怕马上难以凑齐，得给我些时间。"

"那当然，事情不会一蹴而就的。"蒋介石达到目的，很高兴。

"他们声势很大，外间传闻也很多。"宋子文多少有些担心——毕竟是裙带关系。

"不要听那些流言，军事上我心中有数，跟他们打了这么多年交道，把握还是有的，只是——"说到这里，蒋故意停顿了一下，"只是纵观局势，张学良的态度太重要了，我想那些人也都看得到，可他们没有优势，我相信'诚'可动天地，何况张学良素来以爱国著称，想必不会对抗中央，只要张学良表态，内战就会很快结束的，到那时，诸事皆可步入正轨。"

蒋给宋子文下了保证——一旦战争结束，即裁军减费，虽未直接道明，宋怎能不懂弦外之音。于是，在这场关系到蒋介石能否取胜中原的大战中，宋子文倾其所能鼎力相助。1930年5月，中原战争正式爆发。初期，联军三线皆取得进展，蒋军很被动，但随着战争有利于联军，各派间又很快开始貌合神离，相互猜疑，拆台。而与此同时，蒋介石已派出方本仁到了沈阳，透露出蒋的"诚意"；青岛的地盘让给张，委任张学良为陆海空军副总司令，并拿出了3000万元的巨款。这些无疑对张学良有着巨大的吸引力，这也是阎、冯、李难以办得到的。随后，蒋又派国民党元老吴铁城前往沈阳，与张学良进一步磋商合作事宜。吴铁城向来以伶牙俐齿著称，更何况临行前蒋又给他带上了大量的现款，使得吴铁城在沈阳东北军高级军官中的活动游刃有余。这样，蒋介石在这场暗中争夺张学良中棋高一着。其实，蒋的所作所为是其他各派心有余而力不足的，正如当时天津一家英文报纸登的漫画描述的那样：蒋介石一手拿洋钱，一手拿机枪；阎老西一手抱秤杆，一手抱算盘；冯玉祥一手拿窝头，一手拿大刀。

张学良就任国民政府陆海空军副总司令典礼，右一为张群，左一为吴铁城

时人评论，中原大战蒋先生以洋钱打垮了联军。

9月18日，张学良在东北发出通电："站在中间而偏向南方而已。"呼吁"请各方罢兵，静候中央措置。"旋即，东北军分三路入关，迅速占领平津。

蒋介石一面通电表示热烈欢迎，一面又以国民政府的名义汇往沈阳500万元。同时令部队全线出击。到了11月，阎、冯见大势已去，通电下野，分别逃往大连和山西，中原大战终于鹿死蒋手。

军事上蒋是赢家，此时的蒋介石认为：经过中原大战，异己力量今后绝无能力再起。于是，蒋当"总统"的愿望使他很快在中原大战之后即向南京国民党中央执委发电，要求召开三届四中全会，企图通过国民议会，利用法律形式，将他推上总统宝座。这样，政治危机开始悄悄向蒋靠拢。

蒋介石的主张遭到立法院院长胡汉民的反对，胡的资历很高，是孙中山的同辈及助手，有广东的财阀和军阀的支持，又懂得法律，故而敢与蒋介石公开较量。

国民党三届四中全会上，蒋介石与胡汉民围绕会议中心议题进行了激烈的争吵。蒋介石提出要讨论召开国民会议与制定约法问题。胡汉民则强调应

"严正地检查过去，策励将来"。他同意召开国民会议，但反对制定约法和选举总统。

1931 年 1 月 5 日，蒋介石在国府纪念周上讲话，公开声称："本年内政府最重要之两项工作，一为召开国民会议，一为废除不平等条约。"蒋曲解孙中山遗言，意在爬上总统位置。胡汉民针锋相对，在立法院纪念周上讲话时，指出孙中山从未谈过国民会议应制定约法，公开批评蒋的错误。这样，多数人支持胡汉民，不愿选蒋当总统。

蒋介石召集亲信紧急商议对策，先是由吴稚晖出面劝胡引退"休养"，

宋子文（右一）、张学良（右三）、何应钦（右四）1931 年元旦在南京国民政府阅兵台上

勿再与蒋相争，被胡痛斥，加以拒绝。后来，蒋介石采纳了戴季陶的计谋，于 2 月 28 日晚，以宴客为名，邀请胡汉民到自己的住所晚餐。胡到后，便从首都警察厅长吴思豫手里得到了一封蒋列数其"罪状"并有其亲笔修改手迹的信件，又从邵元冲口里得知："蒋先生想请胡先生辞立法院院长。"胡坚决要求蒋出面，两人激烈辩论到深夜。第二天，胡汉民具书"辞职"。当时，移送汤山软禁。

3 月 1 日，蒋介石利用新闻媒介对外称，胡因与蒋政见不同，提出辞职，避居汤山。同时，蒋还欲盖弥彰地在国府纪念周上指责胡犯有四大错误。但迫于各派压力，蒋介石表示"国民会议只应制定约法，不必且不应提出总统问题"。

6 月，在补行的三届五中全会上，蒋介石被指定继续担任国民政府主席兼行政院院长，这是无冕的总统位置，而宋子文则在财政部部长前面又加了一顶行政院副院长的官帽。

蒋介石扣押胡汉民，操纵三届五中全会，使得国民党内矛盾进一步激化，

各派势力纷纷站出来反对蒋介石，汪精卫趁机拉拢陈友仁、孙科、张发奎等成立了以汪为主席的广州革命政府，以桂系势力为军事委员会，并开始电文攻讦蒋，一时间电文战喋喋不休，国内又迅速笼罩战争烟云。

恰在此时，日本发动了"九·一八"事变，两派在全国人民强烈要求抗日、反对内战的情况下，都表示愿意和谈，共同进行"剿共、救灾、御外"。

在妥协过程中，粤方一再要求释放胡汉民和蒋介石下野。双方约定分别召开四全大会，选出中委，改组南京政府，取消广州政府。

被软禁在南京郊外汤山的胡汉民

由于粤是胡汉民的老巢，所以拉大旗的汪被排除在粤中委外，于是汪又拉出一批人，借上海大世界共和厅选出了沪方四全大会的"汪记大世界中委"。

在宁方四全大会后，蒋把宋子文请到府上密谈。蒋开口便切正题：

"子文兄，你看到了，他们想逼我下野，局势刚刚有起色就又开始闹，让他们闹好了，我走开，你怎么看？"蒋在探听宋的意向。

1931 年 9 月 18 日日军炮击沈阳北大营

"现在局势对委员长不利，您成为被攻击的对象，避一下也好，乘机休息一下，局势混乱，国难当头，将来局势还得委员长出来收拾，子文自当共进退，何况那些人向来是没看重我的，我又何必蹚浑水呢。"

"嗯！很好！"蒋很高兴宋能与自己共进退，既然宋子文表态，蒋便将目光移到了宋美龄身上。

"T.V，委员长虽然已决定下野，但心系党国，很担心那些人把你苦心经营的经济搞乱，使国家遭受更大的损失，委员长的意思是在你准备辞职前与江浙工商、金融界通明，要他们不要推波助澜。"

"委员长说得是，这事我立刻去办，然后等委员长辞职，我也该休息了。"

三人相视而笑，心中都清楚等待新政府的将是什么。临走时，宋不无关心地谈到汪精卫的救国会议。

"这个我心中有打算，他汪兆铭能成立救国会议，我蒋中正也可以成立国难会议嘛，另外，我打算成立一个复兴社，以黄埔生为主，不担任职务也要有事可做嘛。"

12月中旬，蒋介石在下野前主持召开国务会议，改组了苏、浙、赣、甘四省政府，任免了一大批官员，使国民党中央机关尽处于其亲信把握之中，这一切办妥之后，蒋介石辞去本兼各职，通电中，蒋声称他下野是胡汉民通电中有"必中正下野，解除兵权"之要求，为了"从速实现团结，完成统一"。

下旬，国民党四届一中全会在南京开幕，由于各派矛盾重重，蒋亲信从中施展手脚，胡、汪均未达到入主中枢的目的，再选派孙科当上了行政院院长，林森被选为政府主席，蒋、汪、胡被选

蒋介石谒陵

为中央政治会议常委，但不负行政职务，蒋介石在谒中山陵后，给孙科和何应钦留下一封信，称"全会既开，弟责既完，故决定返乡归田，还我自由"。紧接着，宋子文也与其他部长一起辞去本兼各职。孙科在矛盾重重、各派相持不下的情况下入主中枢，不过这个内阁是很短命的，被蒋介石釜底抽薪后，新政府难有作为。各巨头纷纷各怀心腹事，胡汉民称病香港，暗约汪精卫不单独与蒋妥协，而蒋实际操纵着大局，抱病上海的汪精卫向蒋秋波暗送，一时间国民党内各派沸沸扬扬，新政府陷于一片混乱，不久，蒋便再度出山主局。

二、国难当头，蒋宋皆言抗日

正当国民党内乱纷争之时，久已窥视中华大好山河的日本军国主义分子加紧做侵华的准备。为制造口实，日本先后挑起万宝山事件和中村事件，中日关系紧张起来。时任财政部部长与行政院副院长的宋子文受蒋委托与日本驻华公使重光葵交涉，企图通过外交途径解决东北危机。但日本军国主义分子在宋子文和重光葵秘商不久，便派出杀手刺杀重光葵与宋子文，意图挑起争端，可由于刺杀行动未遂，二人皆安然无恙，日军无口实。但这阻止不了日本军国主义分子的野心，他们还是在1931年9月18日发动了侵华战争，迅速占领了沈阳及辽、吉二省的20余座城市，这不能不引起南京当局的极大震动。事态的发展，使宋子文不得不怀疑中日直接交涉能否平息事变。

事变发生后，蒋宋在一次会谈中商议对策。"事态的发展越来越严重，日军的意图很明显是要吞并东三省，全国舆论哗然，看来交涉是解决不了问题的。"宋子文显然缺乏信心。

"我准备成立一个特种外交委

日军占领沈阳大帅府

员会，让戴传贤担任会长，你任副会长，我想请顾维钧、罗文干、李石曾、于右任、吴稚晖等人协助你工作，在外交上我们绝不屈服，军事上要采取忍耐，以免给人以口实。"

"是不是要开个会商量一下。"

"嗯！有必要。"

南京当局处理事变的会议很快召开，当时在中国的国际联盟秘书处卫生局长拉西曼也被邀请出席。会议期间，拉西曼与宋子文比肩而坐，低声交谈。随后，宋子文发言：

"如今之计，靠中日直接交涉是起不到作用的，我提议将此事诉诸国联，依靠盟约条款，对日施加压力，以达到和平的目的。"

"看来拉西曼先生也是这个意思吧？"蒋在向宋询问，因为他既听不到谈话，又不懂外语。

"是的，拉西曼先生认为这是目前解决问题的唯一办法。"

"那好，我提议，请拉西曼先生起草个训令，主要精神就是明确拒绝与日本谈，依靠国联行政院解决，要日本军队撤出占领区。至于具体细节，由子文兄等主持。"

会后，蒋又留宋单独谈话。

"我们要双管齐下才行。西方，尤其是美国的态度很重要，你设法联系一下，要美国朋友也出面对日本施加压力，必要时，可以邀请英美等列强驻华公使谈一下，陈明利害关系，阻止事态扩大。"

虽然宋子文按蒋的意图不断在国联上呼吁各国出面调停，而且频繁与英、美等驻华公使接触，企图争得西方支持，可由于英、美等国并不积极行动，使得日军更加肆无忌惮，兵进锦州，张学良一日数电，请求中央下令抵抗，并向蒋介石请求派"劲旅"北上，共守锦州。同时，张学良也向宋子文发电要饷。

但蒋介石此时全部精力都在"围剿"江西，数次"围剿"失败使蒋焦头烂额，无暇顾及，只是消极地希望国联迅速调停，而此时的宋子文也是寄希望于调停，虽然宋曾数电张学良坚守锦州，并不惜扬言将隶属于财政部的税警团北调，悉听张学良指挥，但宋还是为调停而奔走。

前面我们说过，蒋介石扣押胡汉民后，国民党各派相互倾轧，在矛盾重重中孙科被推到台前，蒋宋相继下野。孙科虽然提出"积极外交，收复东北等口号"，但由于军队被蒋遥控，地方部队拥兵自重，不听指挥，经济上更是债台高筑，孙科政府要钱没钱，想打无枪。日本政府利用孙科政府的困境，增兵上海，沪宁被战云笼罩，全国人民愤怒异常，各地学生代表云集南京，游行示威，孙科政府老路重走，出动军警镇压，使之内外被动，无奈，主政才月余的孙科马上召集会议，决定请蒋复出，重新入主中枢，共商大计。孙科致电蒋介石称："新政府虽已产生，但以先生（蒋）及展堂（胡汉民）、季新（汪精卫）两兄均不来京，党国失却重心……国事不易收拾，先生平昔爱党爱国，想不忍袖手而坐视也。务望莅京坐镇，则中枢有主，人心自安。"

时机成熟，蒋的亲信及一些国民党军政要员纷纷电请蒋复出。

此时奉化，宋美龄拿着一大堆电文，逐个念给蒋听，念毕，宋美龄试探着问："达令，这些人请你复出，来收拾乱摊子，你可得考虑好，时局正乱呐。"

蒋介石说："国家危亡之际，诸同志如此勉励，我只有赴京一途，只有这样才可能有所转机，我个人的荣辱算不得什么，哪能照顾那么多。"

"南京方面准备派张继和何部长（何应钦）明天到这里。"

"嗯！"蒋点头表示知道，"请夫人发电给方本仁、庸之兄（孔祥熙）、陈果夫、周佛海，请他们15日到杭州。另外，请子文兄早一天到杭州。"

蒋介石于15日在杭州会见了自己的亲信，商讨复出事宜，决定重新与汪合作，拉汪排胡。会后，蒋给闲居上海的汪精卫去电，请汪至杭州相晤，并派宋子文等亲迎至蒋住所密谈，相约吁请胡汉民北上，其实蒋汪清楚胡不会来南京的，发电只不过是欲盖弥彰、掩人耳目。

胡汉民果然对汪与蒋单独私谋不满，决定在广州另立门户。

表面文章做好后，蒋介石授意宋子文在烟霞洞宴请在杭中委，宴毕，蒋又单独约汪密商。

"我已经与庸之及子文兄等商议过了。准备推兆铭兄入主中枢，兆铭兄值危难之时担此大任，实党国之福。"

绣球既已抛出，汪怎能不表示回报，"蒋先生和诸同志爱戴，兆铭甚感惶恐，只是这军事上，兆铭一窍不通，还须蒋先生鼎力相助，共赴国难才是。"

商议已定，汪精卫先回南京，着手改组政府。在一片讨伐声中，孙科政府倒台，蒋汪共同主持召开临时会议，决定由汪精卫出任行政院院长，宋子文接替陈铭枢任副院长并兼任财政部部长。成立军事委员会，蒋被任命为五位常委之一。蒋的亲信陈立夫被任命为组织部长、陈公博为实业部部长、何应钦为军政部部长、陈绍宽为海军部部长、顾孟余为铁道部部长。

至此，蒋汪二度合作的南京政府组成。正当蒋汪忙于政治分赃，安插亲信之时，日本发动了上海"一·二八"事变，沪战爆发。事变的第二天，南京政府紧急商议对策。会上，许多高级将领主张支持十九路军抗战，汪精卫主张对日妥协，宋子文要求坚决对日抗战。"上海是全国的金融中心，日军窥视已久，如上海失却，则政府经济必陷于瘫痪"。

"子文兄说得对"，蒋介石已经有了主意。"这样吧，沪宁相距很近，政府在日军炮火威胁之下，中正考虑迁移政府，与倭寇长期作战。"

时任十九路军总指挥的蒋光鼐在淞沪抗战期间与前到前线慰问的宋庆龄合影。

与会者大多数赞成蒋案，最后，会议决定迁都洛阳，并组织军事委员会。蒋介石代行部署："何部长留守南京，所有政府党军政留京机关人员概归何部长指挥；""宋副院长留驻京沪，所有上海行政人员归宋部长指挥。"

当日，宋子文复职。深夜，宋与英代办伊格兰姆会晤，称中方已做了军事部署，试探英国的意向，伊格兰姆却告知宋子文要求中方持现实的态度和必要的忍耐。宋不以为然，向其声明说："代办先生，我国政府已决定迁都洛阳，包括蒋先生在内的领导人已离开南京，因为日本在长江水面上的炮舰使政府无法继续存留南京，中国的行动旨在向世界表明：中国不会在日本的武力威胁下屈服，即使日本占领了中国所有的港口和城市，中国仍然继续坚持下去，日本逼得越紧，中国抵抗愈甚。当然，政府已经想到了在南京的外国朋友的生命财产，已派15000名士兵维持法律和秩序，他们（外国人）将得到保护。"

第二天，宋向美驻南京总领事贝克明确表示，中国将以全部的军事力量来抵抗日本入侵。然后，宋还对报界发表讲话，称迁都洛阳是"逻辑上的必然步骤"，并说明南京政府当前迁都绝非意味着妥协退让，而是为了组织更有效的抵抗。

同时，宋子文还撰文猛烈抨击日本的侵略罪行和对国联盟约等国际公约的失望。他以"九·一八"事变以来中国一再遭受日本侵略的事实，揭示了所谓国联、国际公约的虚幻性，最后宋得出结论："不管怎样，如果中国要作为一个独立的国家而生存，她就必须证明自己的力量，她必须英勇善战！她必须把国防力量置于公共教育、商业、工业、民主原则和公民权等一切事情之上。事实上，生存是自然界的第一法则，应高于一切考虑之上。"

可见，从"九·一八"事变到"一·二八"事变，宋子文的对日态度发生了重大转变，不仅在外交上态度日趋强硬，而且在具体行动上体现了强硬态度。

2月6日，上海英军司令克莱访宋子文，提议解决沪案，谋求上海问题之局部解决。

宋子文召集顾维钧、郭泰祺、孔祥熙、吴稚晖等讨论，十九路军总指挥蒋光鼐列席，经讨论，宋子文提出办法，他对与会者说：

"日军欲侵占整个中国的野心很明显，而英国人只想保证他们在上海的利益，我认为沪案应作为中日整个问题的一部分，应该看到，日军还占着东北大部。"

由于宋子文等坚持沪案作为中日问题一部分来解决，与英方意见不同，形成僵局。

宋子文的主张遭到南京何应钦的反对，何致电宋子文指责，谓"昨日英海军司令在沪会商调解，闻诸同志中多主张……连同东省问题整个解决，以致毫无结果，失此斡旋良机，深为可惜。请兄等在沪诸外委，从速设法先求停止战争"。

在宋子文的支持下，孙立人所部税警总团参加了淞沪抗战。孙险些成为烈士。

意见不同，宋子文只好给在徐州的蒋介石发电，征求意见，蒋此时正在布置"剿共"，意在早日结束争端，发电表示同意南京意见。

但此时日军已向十九路军发出最后通牒，限中国军队于20日撤出上海，宋子文等商议不予答复。于是日军于3月1日发动全线进攻，淞沪抗战爆发。

由于日军是有备而来，空中优势明显，使十九路军伤亡惨重，宋子文为了配合十九路军，调出了隶属于财政部的税警二、三团参战。但为了瞒过八国银行，继续取得盐余拨款，宋子文将上述二团放在了张治中开往上海的第五军中，名称是五军八十七师独立旅，在整个抗战过程中，税警团的官兵大多数作战勇敢，伤亡也很惨重。

由于来自各方面的压力，宋子文只得接受现实，按南京意图（其实也是蒋的意图）与日本谈判，签订了《淞沪停战协定》。

就在谈判之时，蒋介石由南昌"剿共"前线发来电报，要饷200万元，用于新一期的"剿共"军事行动，在财政极其窘迫的情况下，宋子文还是如数将款汇往江西，但却在回电中表示了些不满情绪："日本侵袭上海，金融面临严重困难……"但蒋介石却一意孤行，就在中日停战协定一签字，便急急忙忙向宋子文伸手要军费。

6月初，蒋至汉口"剿共"总司令部，要求财政将军费的每月1300万元增加至1800万元，并向在上海的宋子文发电，表示"赤剿"势力越来越大，非投入更多的兵力无以收功……同时，蒋还在文中向宋提出调十九路军驻防福建。宋子文对蒋的行动不以为然，回电中表明了自己的态度：

抗日比"剿共"更重要，当前政府应力图收复"满洲"，保卫华北。调十九路军更是没有必要，因为日军虽已退去，但仍旧虎视，十九路军已成抗日象征，得到拥戴，调防不宜。

但蒋介石却害怕十九路军会因成为抗日象征而威胁到自己，于是强令调防福建——意在使十九路军在福建与中共作战中消耗殆尽。

宋子文与十九路军总指挥陈铭枢因不满而相继辞职，隐居上海。

辞职当日，宋子文接受记者采访，在谈话中他对蒋介石的政策进行了攻击：

"事实上，我的辞职是不可避免的，因为财政部不能提供'剿共'所需的军费。增加各项税款也不可能，因为日本袭击时期，上海商业几乎停顿。"

"那么是否可以考虑借款呢？"记者问。

"这个方针存在着毁灭、政治不稳定及最后的灾难。赤字和短期借款的恶性循环，此中痛苦我久经饱尝……我愿意继续做纠正自杀方针的人，即便是持票人的牺牲能使预算得以平衡，而这样的牺牲也不能再重复了，上海实际上处于风雨飘摇，崩溃在即，这只有熟知国内情势的人才能领会。"

"蒋委员长（蒋介石在'一·二八'事变后被任命为军事委员会委员长）的'反共'政策您怎么看？"记者提出了一个相当尖锐的问题。

宋子文略一迟疑，但还是很坚定地道出了心里话，"难道'匪患'和'共祸'仅仅是军事问题吗？'匪共'之患不就是因政治、军事和经济失调而滋长起来的吗？倘若他们在军、政、经几方面得到合理对待，那么即使并非洋洋大观，他们岂不将报以较好的反响吗？以陈旧和劳民伤财的军事征伐能获得成功吗？这些问题，显然不应该由财政部部长来解答。"

宋子文的这些诘难虽有哗众取宠的意味，但也多少表明了对蒋介石的政策是不尽赞同的。宋子文辞职，蒋介石很着急，忙跑到南京与汪精卫、何应钦等商议复电慰留，劝其"以国家大局为重，继续负责维持"。

在辞职后的第三天，汪精卫受蒋委托亲至上海挽留，谈话中，汪对宋说："委员长和诸同志都对宋部长的辞职感到意外，宋部长系党国砥柱，如离去，必对革命事业有损，受委员长及诸同志之托，兆铭来此挽留，希望宋部长以国家大局为重。"

"这种形势下，我即便复职又有什么作为呢？军费一再增加，我是不会再为'剿共'发行公债了，至于财政收入可以用增加盐税等手段维持。"

宋子文开始松口，但提出了具体要求，汪精卫带着宋的要求回到南京，与蒋等复商。

蒋急于让宋复出，做出了一些让步，"既然宋部长认为军费增加太大，那么每月改为1500万元好了，请林主席辛苦一趟，以示诚意。"

6月14日，国民政府主席林森亲往上海挽留宋子文，并提出了妥协意见，宋子文答应复职。

1932年10月，行政院院长汪精卫因与蒋介石不和，被蒋排挤出国，公开的报道是汪出国就医。汪出国后，在蒋的授意下，宋子文出任代行政院院长。

这时，日军开始在华北蠢蠢欲动，危机再次出现。宋子文联络孙科等中执委在会上提出一个议案：要求将军队集中于热河、察哈尔和河北地区，以抵抗侵犯中国领土的敌军，如有可能，军队进入"满洲"，收复失地。议案还号召全国一致抵制日货，要求全国人民效法奋勇抗战的十九路军和第五军。但议案被以蒋介石为首的军界否决，这种情况下，宋提出要热河一行，蒋同意，并留下宋商谈。

"当务之急是消灭共产党，中央军不能北上，但可以把张作相所部调至热河，听候汉卿（张学良）调遣，此去热河，请子文兄代为考察一下，汉卿最近多次向我要款，钱给了那么多，他都用到哪里去了？对日本的行动，我们要保持忍耐。以免造成口实。"

"事实上，我们已经忍耐到了极限，如果不以实力相对抗，只能更加被动，至于军饷问题，等我到了热河后与汉卿细谈一下，现在山海关已失，整个东北已经沦陷，长城一线若再失，恐怕局势难以收拾。"

"日本要对热河有所行动，我已经料到，但当务之急是'剿清共匪'，和日本早晚是要打的，但必须等我把国内问题解决，攘外必先安内，这是我的原则。"说到这里，蒋怕引起争执，便缓了一下口气，"你此去与汉卿协商一下布防热河，我对东北军是相信的，对前景也乐观"。

宋子文不得要领，只能带领军政部部长何应钦、内政部长黄绍竑、外交部部长罗文干等乘专列来到北平，在原清朝顺承王府会见了北平军分会委员长张学良，二人相交甚密，不必客套，即步入正题：

"此次来平，受委员长委托前来了解一下情况。"

"唉！"张学良无奈长叹，"日军眼看就要进攻长城一线，我多次致电委员长，要求调中央军北上，可——"张学良摊开两手，"虽然我手中有不少军队，可你清楚，许多原西北军与我并不一条心，伺机拆台，而我又手无军饷，唉，难呐。"

"汉卿苦衷我了解，可日军进攻华北在即，还要有所部署才是，这次委员长把张作相部归你指挥，增加了一定的实力，我还是有信心的，估计热河至少可以支持三个月。"

张学良沉默不语，宋子文为缓和气氛而转移了一下话题："汉卿，最近传闻很多，说汉卿兄似有克扣军饷之嫌，委员长也很关心此事，担心内部混乱，对此，汉卿兄还是表明一下，以免遭人议论。"

"那好，我命令财政公开款项用途，开个会向将领们表明，委员长那里请子文兄代为回电。"

于是，宋向蒋回电中称"汉卿已向各将领表示事事公开，所有财政分文经过财委会……前线队伍确万分困苦，汉卿确无法支持，弟与金融家正商量三个月计划以安军心"。

随后，宋张商议成立两个集团军，由张学良和张作相分任总司令，布防热河。同时，宋子文给蒋介石去电："弟意政府应全力对付热河，兄可否出二师为总预备队，以国际形势日军必不向其他区域攻击。"但宋已料到蒋很可能拒绝调中央军北上，于是在电文中宋对蒋说："汉卿请求税警团加入，弟意如中央军一时不能北来，可否开税警一、二、三团来平，四五团留海州……"最后，宋子文在电文中向蒋提出："热河发生战事时，兄务须放去一切，北平一行。"宋在这里所指的一切当然是要蒋放弃正在筹划的新的"剿共"行动。

但蒋在回电中却以中央军北上会引起华北地方部队不安和张学良有过不欢迎的态度为由，拒绝宋的建议，蒋在电文中称："中央军北上恐友军多虑……故未开战前，中央军不如缓上，如有必要，则可派税警团北进也……"

蒋置民族危机于不顾，继续疯狂进剿江西，而宋子文却很乐观地给蒋复电时估计至少可支持三个月，但事实却并非如他们所想象的。2月，日军三个师的兵力分三路进攻热河，张作相临时受命，兵力还未集结，仓促中应战，

日军进犯热河

将无守志，军无战心；热河省主席汤玉麟闻讯而逃，日军在出师未到半个月即占领了热河。

热河如此快地沦陷，全国舆论哗然，张学良给远在江西的蒋介石发去了电报。

江西南昌行营，宋美龄拿着两份急电，"张汉卿从北平发来电报，热河失守，请求处分。另外，请委员长允许他集结全体东北军反攻热河。收复失地。另外，T.V 也同时请委员长前往北平面商。"

"另一份呢？"蒋很关心"剿共"前线的情况。

"五十二师在黄坡被围，李明（师长）重伤被俘，五十九师在霍源被伏，伤亡过半。陈时骥（师长）在仙桥被俘。"

"娘西匹。"蒋介石将手中的文件重重地摔到了桌子上，"我一辈子没打过这么多败仗。"眼看他苦心经营的第四次"围剿"又告失败，蒋怎能不着急上火，以至于道貌岸然的蒋也不免破口大骂陈诚无能。事情还要有头绪才行，蒋沉思了一会儿，"给子文兄发电，请他到石家庄一谈，看来汉卿该休息一段时间了。"

随即，蒋介石从南昌飞往汉口，乘专列到石家庄，宋子文和何应钦已先期到石家庄相候。相商是在蒋的专列上，蒋介石先入正题。"此次热河失守，全国舆论哗然，矛头指向我和张汉卿，看来我们两人必有一人下野才能平息。这次来，是要和汉卿商量一下解决的办法，先把你们请来，是要和你们讨论一下。"

"委员长和张副司令成为众矢之的，目下只有一人下野一途，我看还是劝汉卿暂时休息一下的好，只要委员长在，等风浪一过，汉卿还可回来嘛。"

何应钦最了解蒋介石，何况蒋此行目的很明显：逼张下野，转移舆论对他的不利。

何应钦先放头炮，宋子文也附和，因为形势确实要求有人下野，尽管宋张关系密切，但蒋宋毕竟是裙带，而且宋如提出二人都下野也是不现实的，但宋子文还是在谈话中多少公正地谈论了张学良。

"热河失守，汉卿很伤心，曾电告委员长请求处分，并请集结东北军戴罪立功，失败的职责汉卿是推卸不了的，但这里也有很多客观原因在里面。既然现在的形势如此，我也同意汉卿先休息一段时间，待平静后再复出。"

"那就这样办吧，子文兄，请你先到保定，约汉卿来，我随后就到，跟他讲明我的意思，等我见到他后再详谈。"

3月8日夜，张学良偕顾问端纳等从北平到保定，蒋的专列未到，宋的专列却先来到了，张学良前往宋子文的专列见宋，宋向张学良传达了蒋的意图：

"汉卿，我已见过委员长，委员长谈到丢失东北、热河，他与汉卿均是责无旁贷的，现在全国舆论对委员长和汉卿都很不利，这就好比两人同乘一条船。"宋子文的话想点到为止。

但张学良没有料到蒋是来要他辞职的，所以张学良对宋子文说："子文，你我多年相交，有什么话请直说罢。"

"好吧，委员长的意思是现在两人同乘一条船，本该风雨同舟，但风浪太大，为避免同遭覆顶，必须有一人先下水，以平民愤，等到风平浪静之后，船上的人再把水中的人拉上来。"

话已挑明，张学良无奈，只得对宋子文发了些脾气。"的确，丢东北，失热河我张某责无旁贷，可我并非真心如此，我曾请委员长支持，可——"说到这里，张感到无用，于是便对宋表示，"既然如此，为保证委员长，请立即免去我本兼各职，以谢国人。"

3月9日下午，蒋介石专列到保定，张学良在宋子文陪同下至专列见蒋。一见面，蒋不等张开口便说："接到你的辞职电，知道你的诚意，现在全国对我们俩都不谅解，进行诘责，我们本是风雨同舟，命运与共，但风浪太大，必须要有一个人先下水，以免都遭到灭顶之灾。"

"我丢失东北，早该引咎辞职，今又丢热河，更责无旁贷，我当然应该首先下水，请立即免去我本兼各职，以伸国法，而振人心。"

"你能体谅我的苦衷，这很好，我想过了，你先出国避一避，然后再回来，等到风浪一过，我立即促你复职。"

"委员长，日本的野心是要吞并整个中国，希望中央能立即调劲旅北上，收复热河保卫华北。"

"好，好，好，你的建议很好，我会考虑，这样吧，请子文兄帮助你办理一下出国手续，你也到国外治治病，乘机休养一下。"离走前，蒋再次拍了拍张学良的肩膀，"汉卿，还是那句老话，留得青山在，不怕没柴烧。"

宋子文陪张回到北平，相约见于上海，宋到上海不久，蒋已先期回到南昌，调集兵力，继续组织第五次"围剿"。这时，美国总统罗斯福自大洋彼岸发来邀请电，邀请英、法、德、意、日中等国原则上派内阁总理至华盛顿，讨论复兴世界经济计划。

电文传至南京政府外交部，已复出的行政院院长汪精卫对经济一窍不通，又非英美势力的代表，不愿意前往，与在上海的宋子文电商，宋子文推荐孙科前往。汪即将宋的意见电告在江西南昌"剿共"前线的蒋介石，蒋介石认为孙科因立法院工作很忙，不能分身，宋子文担任财长多年，对经济熟悉，应派宋前往。

蒋汪意见不谋而合。汪精卫因宋的抗日态度强硬，对于他这个亲日派多少是个障碍，而蒋除上述意见与汪基本一致外，还有一个重要原因——那就是宋子文对自己江西"剿共"并非一心一意支持，而是多次以平衡预算为由拒绝增加军费。此时正值"剿共"时期，宋的方针与蒋有抵触的地方，所以蒋也同意由宋前往。并授意汪，在宋出访期间，由孔祥熙等负责财政部，这样蒋就可以放手一搏了。

4月16日。国民政府正式颁发宋子文出访委派令。第二天，宋前往上海香山路宋庆龄家中，向二姐辞行。尽管几年来政见不尽相同，但宋子文与宋庆龄在宋氏三姐妹中关系是最好的。

当日下午，新任中央银行总裁孔祥熙（前总裁为宋子文）在上海家中举行欢送会，上海市市长吴铁城，商会会长王晓籁，银行界领袖史量才等出席，王晓籁在席间对宋大加吹捧："……参加华盛顿召开的经济会议至关重要，以宋部长之地位及在各友邦中的信誉，自应宋部长亲去，希望宋部长此去能带回新鲜空气，解决国内的沉闷，并希望能达到经济制裁日本……"

宋子文致答词，说："兄弟蒙各位筹款送行非常感激，本来鉴于国内形势，不准备前往，但经过多方催促，加之思虑良久，觉得此次会议虽未讨论远东问题，但因相互的关系紧密，故决定前往。以我国现在的经济而言，农村破产、商业凋敝，尤其是上海，生产力日益衰弱，综归原因有三：一为长江水灾，二是日本侵略我市场，三为'共匪'祸乱。这三点使我国经济陷于困难。应该看到，中国问题，若仅注意军事上是没有希望的，经济比国防更加重要，希望诸位注意这点。此去欧美，子力争取得列强道义与物质上的支援，改变中国经济、军事落后的局面，使中国有足够的力量对抗外来入侵。"

宋子文的讲话博得在场人的掌声，最后，宋子文对孔祥熙说："此次弟赴欧美，国内财政托付给李副部长（李调生）与庸之兄，如遇重大问题可随时用无线电联系，在轮在陆均可收到，此次大会议程未定，时间难以估计，这些问题我还要与汪院长、孙院长等细商。"

18日，宋子文带着中国银行行长贝淞荪、财政顾问杨格等乘轮船赴美，经过半个月的航程，于5月4日到达西雅图，在对记者发表的谈话中宋声称："希望世界经济会议可以完全成功，中国将就最大之可能范围从事合作，借助增进世界和平而谋世界之福利……"

5月8日，宋子文乘火车到达华盛顿，下榻于前海军总长亚丹士家中。中午，美国总统罗斯福在白宫宴请宋子文一行，并邀请了政府要员作陪。因宋系亲美代表，与罗斯福又同为哈佛毕业学生，有校友之谊，所以招待颇殷。

9日，宋子文与罗斯福举行会谈，中心是如何发展中国经济与稳定中国政治。罗斯福认为中国政治的安定是远东经济恢复的前提，美国愿意为中国提供援助。谈判期间，宋子文私作主张，与美国财政善后公司签订了一笔5000万美元的棉麦借款合同，实际上是美国在向中国倾销过剩产品。这一举动立刻在国内引起反响，纷纷责问南京政府，一些实业界人士也表示从根本上看于国家经济无益，但既然已成事实，就要用于振兴实业、复兴农村，不能用于内战。

在全国反对声中，南京政府急忙采取由有关人士出头解释，补办法律手续等手段安定人心，经过一番手忙脚乱，才使宋子文的借款合法化。

大洋彼岸，宋子文借款之后，与罗斯福达成协议，共同发表了宣言，在谈到远东局势时，宣言中称"过去两年中扰乱了世界和平，使两大国军队从事破坏性质之敌对行动，此种敌对行动当立即停止，俾目下各国重建政治经济和平之努力，得于实现。"

宋子文此次赴美，争取到了罗斯福的支持，虽然宣言中并未点日本的名，但表明了美国政府对日本武装入侵中国的不满。

虽然宋子文的棉麦借款最初得到诘责，但应该看到宋子文此举在某种程度上制约了日本的侵华方针。果然，日本驻美大使馆参赞曾根据日本外务省的指示，在谈话中指责美国名义上向中国提供商业信贷，实际上是对华借款，通过援华来反对日本。从谈话中不难看出，日本还是多少顾忌美国的态度的。

南京国民政府北平政务委员会与日本签订《塘沽协定》

访美成功后，宋子文经过与国内电商，从纽约乘船直接到英国伦敦，参加世界经济会议。

就在宋子文访美期间，国民党当局与日本签订了丧权辱国的《塘沽协定》，中国军队撤出冀东，日军退至长城一线。

这样，国民党当局等于默认长城以北是伪满统治了，这一丧权辱国的条约曾遭到舆论界的猛烈抨击。所以当宋子文拜访英外交大臣西门，提出对英国自"满洲"事变以来未能对日采取强硬立场而感到不满时，西门对宋说：

"你们的政府已经与日本签订了条约（指《塘沽协定》），这是否意味着中国放弃了武装抵抗的政策呢？这种行动在我们看来是对日本妥协。"

"'满洲'的中国人绝不会接受日本的统治，这种统治最终将要垮台。如果日本人进入长城以内，那么英国的在华利益将立即受到威胁；但无论军事发生什么变化，中国实行抵抗的立场是不会改变的。那种认为中国试图与日本达成妥协的议论是片面的，子文将尽一切努力阻止妥协行动。"

在与西门谈话后，宋子文还同英国金融界领袖进行了广泛的接触，意在争取英对华援助，但由于英政府对远东政策消极，所以诸般努力都告失败，而且由宋发起的建立国际咨询委员会也因日本从中作梗和英的态度消极而未能建立起来。

随后，宋子文出访德国和意大利，在访问意大利时，宋子文对墨索里尼说，日本对中的侵略是他们的一贯政策，日本想占领整个中国，俄国的三个沿海省份，以及太平洋岛屿，他们有统治世界的野心，世界上的其他国家迟早将不得不起来制止之。

宋子文广泛谋求欧美国家援华的主张与活动，招致了日本强烈的反对，驻美外交官称宋欧美之行旨在鼓动世界反日。显然，宋子文已被日本看作是对日强硬派的代表。

8月，宋子文经西雅图回国，途中，他曾于25日和26日经日本的横滨、神户。此时国内沸沸扬扬，新闻界猜测宋子文将去东京访问，而南京当局也对此不置可否，此时中日关系已经发生了变化：长城停战已久，《塘沽协定》已签，南京政府中的亲日势力大为抬头，所以新闻界才有此猜测。一时间，宋子文是否登岸访日已成为中日两国朝野关注的焦点。

但宋子文却没有登岸访日，不接见日本记者，直接回到了上海。这在国内立即引起强烈反响，在日本震动也很大。日本外务省对宋子文谋取欧美援华和拒不接受邀请表示了强烈不满，而当宋子文回到上海时，却受到了各界的热烈欢迎。应该说，宋子文过日而不登岸客观上振奋了国内主张对日强硬的舆论，打击了对日妥协的浊流。尤其是工商界更是举行盛大欢迎会为宋子文接风洗尘。

宋子文此次欧美之行，谋求欧美支持，对日表现出了强硬态度，这种政策，已经开始与南京政府的对日妥协政策相悖，一股"倒宋"的暗流开始慢慢向宋涌来，由于宋子文在经费问题上又与蒋意见不合，导致了他第四次辞职。

就在宋子文出访欧美期间，蒋介石在国内也忙得不亦乐乎。前面我们说过，热河失陷后，蒋逼张下野以保全自己，在张学良答应下野后，蒋介石便急忙飞回南昌。

4月4日，蒋在南昌召集"剿共"部队高级将领训话，大肆鼓吹他的"攘外必先安内"的政策，说什么"国家的大患，不在倭寇而是江西的土匪"。

5月，蒋介石在南昌成立委员长行营，亲自部署和指挥第五次"围剿"，他采纳了柳维垣等人提出的普遍推行"堡垒政策"的建议，并在军事布置会上赠送与会各将领《作战手本》《剿匪手本》等书。与此同时，蒋介石为了筹措"围剿"军费，电请汪精卫转中委会，称"鄂豫皖赣'剿共'军事已分头进击，或方后行封锁……标本兼治，非财莫举"，提出需治标费180万元，治本费1500万元，要求中央核议，以应急需。中政会立即通过。并由国民政府训令行政院转饬财政部筹拨。财政部为筹此款，一面增发各种国内债务和赋税，一面决定举借外债。蒋介石则以此巨款向英、美、法、日、意等国购买了大批的火炮、坦克、飞机和化学毒品运往南昌、九江、武汉、广东等地，武装他的"剿匪"军队。

7月，蒋介石在庐山召集军事会议，决定将华北军队除一部分留驻外，其余的都调往江西集中，准备"围剿"红军根据地。

8月，主张对日强硬的外交部部长罗文干以出巡新疆的名义被免职，由汪精卫兼任。可以看出，在对日妥协的问题上蒋、汪是一致的。

此时，蒋介石为了在经费上不再受宋子文制约，把鄂、豫、皖三省的农村金融救济处改组为农民银行，并置于自己的直接控制之下。矛盾逐渐在激化，宋子文回国后，这种矛盾便由背后转到台前。

8月底，宋子文回国重新入主财政部，他很快发现，在他出访期间，政府已向各界银行垫借达6000万元，当追问去处时，得到的答复是用于"剿共"。这使宋子文大为恼火，他的平衡预算的愿望再次破产。

9月，宋子文前往庐山参加国民党中央政治会议，在会议上，行政院院长汪精卫提出同日本恢复友好关系，立即遭到宋子文的反对，会上，宋子文慷慨陈词，"中国应该坚持以往的对日方针，如果目前同日本恢复友好关系，显然不符合国联大会 2 月份的决议，而且不应忘记，日军仍然占领着我东省及热河，欧美列强已经开始在道义和物质上支持我们，形势对于我们很有利……"

但宋子文的主张遭到反对，尤其是蒋介石的反对，蒋介石说："我认为汪院长的建议是有道理的，要从现实主义的观点出发，同日本谋求解决分歧问题，应避免一切刺激日方感情之行动与言论。应该看到，中日关系正在缓和和好转，此时仍应与之作相当周旋，本党的中心是清除'匪患'，只要内部安定，对日问题是容易解决的。"

"恢复关系可以，但子文认为，在东省及热河及承认'满洲'问题上不应让步，至于其他问题可以通过谈判解决，另外，汪院长事务缠身，我提议由罗文干重新回到外交部主持工作。"

"罗文干的口碑不好，许多同志对他议论很多，此时回到外交部恐怕不宜。"蒋再次表明观点——让对日强硬的罗文干回外交部是不可能的。

宋子文在庐山会议上不得要领，怀着一肚子怨气回到了上海，在会见美国驻南京总领事贝克时，宋私下抨击蒋汪，表明了自己对日看法与蒋、汪不同，他对贝克说：

"那些主张中国应对日本采取'现实主义'政策的人，忘记了以下基本事实，即日本对已经得到的东西永远也不会满足，日本已决心使中国屈服，正在推行进一步扩张的缜密计划。其中步骤之一，就是把华北从中国本土脱离出来，其方式将与'满洲'已发生的事情一模一样。真正的'现实主义者'不能，也不应该回避这一现实"。

"那么，是否意味着政府内部在对日政策方面有分歧呢？"

"是的，一部分人主张避免与日本冲突，而实际上这种做法只能更加有利于日本的野心，而这些人往往都以中间人自居，他们的目的在于利用敌人的压力培植个人势力"（这里宋主要指汪精卫——作者注）。

宋子文回到上海后，蒋介石催款的电报雪片似地飞来，要求宋子文再筹款 2000 万元，用于"剿共"前线。宋在回电中称政府每月赤字已达 1000 万元，无力再筹款，而且宋子文还在文中透露出不愿再举债而用于军事。

20世纪70年代，宋美龄生日时宋霭龄由美赴台湾前来庆贺。

但蒋却通过汪精卫及其亲信向宋子文施加压力，无奈，宋子文答应发行一亿元关税券，用于偿还旧债和军事。

但很快宋子文便于10月28日在上海向政府通电辞职，在辞职电中，宋说："窃子文自'一·二八'事变，重掌财政，艰难维持，心力交瘁，在此盘根错节之会，益觉心绌力薄，长此以往，诚恐贻误党国大计，敬恳准予辞去财政部部长本兼各职，无任屏营感祷之至。"

宋子文辞职，舆论界大哗。

国民党中央当局对此迅速做出了处理。汪精卫经与蒋介石电商，取得了一致意见，蒋在电文中提议由孔祥熙代宋职权。所以，很快地，国民党中政会和中常会相继"批准"宋子文辞去本兼各职，只保留全国经济委员会常务委员一职，其财政部部长和行政院副院长等职由孔祥熙接任。

29日，汪精卫对报界称宋辞职是因为无法筹措军费的结果。

30日，宋接受记者采访，当记者问到辞职原因时，宋子文面露感慨之色，对记者说："此次辞职是子文才力不足以应付困难，其实我早已有离去之意，迟迟才发表是因为这样政府可以从容地决定继任人选，并且避免影响市场与金融。"

"宋部长曾经应付过比这更困难的局面，称财力不足是否是托词？我们注意到，半官方的《时事月报》中称宋部长辞职是因为'七年来工作过度，感到精神上、体力上疲劳不堪。'"记者说。

宋子文听到这里很愤怒，马上说："任何健康不佳的报道都是错误的，向来官吏辞职十有九称病，所以被人讥笑'东亚病夫'，事实上本人向来很少有病，出国归来，更是健壮如牛，称病实在是不像，所以，直称财力不足，实在话说，这是一个借口。"

"那么宋部长此次辞职的真正原因是什么呢？是否与外交有关系呢？"

记者们显然是穷追不舍。

宋子文并没有公开说明辞职原因，而只是对记者说："现在中央已经批准我辞职，我谈（辞职原因）是不必要的，而且我也不愿意谈。"

宋子文对辞职原因不愿道明，对此，社会上曾流传宋子文对蒋的不满：宋曾私下说过，"做财政部长无异于做蒋介石的走狗，从现在起我要做人而不做一条狗"。

另一种说法是宋子文回国后，得知蒋突破了他的预算，便急急忙忙去找蒋，二人终于爆发了轰动一时的争吵，蒋介石打了宋子文一记耳光，宋为此辞去职务，以示不满。

其实，导致宋子文辞职的原因是宋与蒋在对内、对外政策上的分歧，宋子文主张对日强硬，而此时蒋汪暂时在对日中取得一致意见；蒋介石一心一意"攘外必先安内"，而宋子文对此政策曾表示过很大的不满，与蒋发生矛盾，由于政见不一，对蒋的"剿共"不尽支持。另外，宋子文欧美之行回国后，国内各界对之大加捧吹，宋的影响力空前扩大，这样就威胁到蒋的地位与政策，加之日本曾对蒋汪施加压力。所以在宋表示辞职时，蒋决定中途换马。导致了宋下野成为事实，可以断定，宋子文这次下野是蒋宋在内政外交诸多问题上矛盾激化的结果。

三、蒋介石对郎舅仍存延揽之意，宋子文虽下野却从未甘寂寞

在宋子文"下野"后的一段时间里，新闻界仍然十分注意他的行踪和言论，但他每次亮相，不是谈经济就是扯金融。

然而，这却是表面现象，在一些非公开场合，特别是与西方外交官的私下会谈中，宋子文依旧是谈锋甚健，尤其对"敏感"问题均是直言不讳。

淞沪一·二八抗战后，蒋介石把十九路军调往福建，有意使十九路军在对付共产党和广东陈济棠中消耗殆尽，去掉心病。陈铭枢与蔡廷锴等人没有中计，他们组织了一个"大众生产党"。另起炉灶，成立了"中华共和国"，绘制了红、蓝、白三色国旗，发动了福建事变。国内各派虽不乏同情言论，但看风向不对，又都

不予认同。

蒋介石早期安插在陈、蔡身边任参谋处长的黄埔一期生范汉杰将陈、蔡的行动报告给了他，蒋立即在南昌调动"飞将军"蒋鼎文率十万大军入闽"平叛"，由于陈、蔡手下大将毛维寿早已向蒋暗送秋波，所以蒋鼎文可谓兵不血刃进入福建，陈、蔡二人只得通电下野逃匿。

12月7日，英驻华公使蓝普森同宋子文共进晚餐后，双方谈起国内局势及中日关系。

"宋先生，十九路军作战勇敢，爱国爱民，却在福建搞'独立'，蒋先生出动十万大军入福建，您怎么看这件事？"

"这事看起来并不严重，因为，现在国内很多地方实力派都反对蒋先生，他们也都有计划有活动，福建同这些（事情）比起来，实在是算不了什么。"

"怎么会有那么多人反对蒋先生呢？"

"在我看来，这是因为蒋先生没有处理好同这些地方实力派的关系。我曾私下里不止一次劝他（蒋）对地方实力派的'合法'地位予以承认，但被屡次拒绝。而目前实际上控制各省的地方实力派认为，蒋先生迟早要剿灭他们，而福建事变只是一系列反蒋活动的第一件，山东广东乃至天津等省市，都是极有可能发生类似行动的省份。"

"前些日子，中日在北平举行了善后会谈，看得出，中方的让步很大，您对这个问题怎么看？"宋子文表现得十分气愤。"我早就告诫过，日本的野心是要占领整个中国，这是个十分现实的问题，可有些人却对此无动于衷，现在，黄

年，蒋介石检阅即将讨伐"福建事变"的部队。

郭（蒋的亲信）可能正在同日本人谈判，其内容是在日本支持下实现华北独立。而且，最近日本人重谈汉冶萍借款问题，在沪有所行动，这些现象表明，日本人想控制长江流域地区。"

"您对当局对日本的政策怎么看呢？"

"以前我曾说过，一些人为了集团利益，想借外来势力达到自己的目的。现在看，当局对日本侵华的野心缺乏鲜明的政治见解和准确的判断力。"

"这是否包括蒋先生呢？"蓝普森提了个尖刻的问题。

"这——"宋子文略有迟疑，"他是当局的主要人物，当然包括他，我曾劝过他放弃军事讨伐共产党，把力量集中到对付日本的扩张野心和收复失地上，可——"宋子文很沮丧和无奈地摇了摇头。随后，他对蓝普森说："这也是我辞职的原因。"

"这就是说，您对蒋先生的方针和政策是不赞同的啰？"

"就目前而言，我不赞同他的做法，正如我以前所讲的，这种政策存在着毁灭的危险，而且日本又虎视我大好河山，如果一意孤行下去的话，后果不堪设想。"

谈话后，据蓝普森的印象，宋子文对局势感到沮丧和缺乏信心，对蒋的看法是缺乏政治见解和判断力，因而对蒋的做法表现了不满和不信任。

1934年初，英驻上海总领事白利南访宋，谈到中国政局，白利南问宋子文："您对中日达成的善后谅解怎么看？"宋子文对此表示反对和蔑视，他对白说："这一政策意味着中国将蹈'满洲'的覆辙，日本人也许不会马上出兵占据长城以南的中国领土，但应该看到，日本人的目标是在华北建立另一个'傀儡政府'。"

"有人说，日本之所以能够不断取胜，那是因为他们的军队要比中国的军队强大。"

"是的，这个我承认，日本军队的确要比中国强大得多，中国军队很可能被击败或甚至被全歼，但这没有什么了不起，重组中国军队并不困难，中国有取之不尽的人力资源，重整军备只是个钱的问题。例如在热河抗战中，××师当时的伤亡很惨重，可到目前，他们的兵力已经恢复，而且比以前更强了。"

"福建事变已经结束，在国内，有很多人并不十分拥护蒋先生，我们注意到了这点。"

宋子文并未像南京当局那样称福建事变是"背叛民国"。他对白说："福建事变是普遍存在的反蒋势力的突出表现，我不赞成武力讨伐。事实上，所有的反蒋派系都与我有过接触，他们要求我能致力于他们与蒋先生的妥协，而我也曾一度致力于把全国的军队和财政上的权力集中于中央政府，把大部分其他事务给地方当局处理。所谓地方当局，实际上是指某些军事将领，如山东的韩复榘、广西的李宗仁、白崇禧、广东的陈济棠等。他们这些地方将领都怕蒋先生，在他们看来，蒋先生正聚集兵力，只要有机会，就会一个个地将他们消灭，所以，这些地方将领都反对南京政权，伺机推翻他。"

"那么，怎样才能解决这个问题呢？"

"解决的办法很简单，只要把各省将领和他们的军队全都国家化即可，但目前他们是被视作叛逆的。编入中央后，其中的某些军队仍由原来的将领指挥，其费用由财政部从国家预算中开支；另外，各省还可应允保留一部分地方部队，费用从地方收入中支出，地方部队用于维持地方治安和剿匪。这个方案我曾向汪院长提出过，起初汪院长是同意的，但蒋先生反对，汪院长便不支持我的方案了。"

"听说您与蒋先生在军队的问题上还有分歧？"

"是的，我曾经建议将所有的军队调往华北作为国家的军队，进行一场抵抗日本人的真正战争；华南的领袖们已经同意这个建议，我本人也派出了税警团北上御敌，但在赴北平的途中却被他（蒋介石）下令阻止。在我看来，抵抗日本必须是整个国家的抵抗，而不能只是某个地方将领的抵抗，其他人置身局外。只有全国的抵抗才能唤起整个民族，同时也是实现国内团结的惟一途径。"

"但如果这一局面形成，有可能削弱南京政权。"白利南说。

"应该看到，全国武装力量统一抵抗日本之后，肯定会使国家趋于统一，而这种局面形成应该统一于蒋先生领导之下，给予他足够的权力。"

"南京政府虽然有了宪法，也设立了相应机构，例如五院，但政府应该真正建立在宪法的基础上，逐步取代个人专权。"

"不然，目前宪法正在衰微，个人独裁的局面日益明显，而当前知识界中对宪政已经不感兴趣，他们倾向于如下观点，即中国面临的种种问题以及外来侵略十分严重，绝不是一个实行宪政的政府所能解决得了的，只有一个独裁者能够救中国，民权必须服从于救国，从这个意义出发，蒋先生通过蓝衣社（恐怖组织，特务机构）所采取的一系列行动有积极意义。"

"现在蒋先生正在江西向共产党进攻，这是第五次'围剿'中共，现在情况怎么样？"

"蒋先生接受了前几次失败的教训，采用了新的方案，他不再像以往那样长驱直入，而是步步为营，逐步推进，建立了许多碉堡来巩固已经夺取的阵地，共产党没有大炮，所以也拿不出具体的对策，现在江西全省都布满了碉堡。"很显然，宋子文对蒋介石的"反共"军事活动，基本上是持支持态度的。

宋子文虽然离开了南京中枢机构，但下野之身的宋子文依旧有着广泛的政治影响，他在卸任伊始，便开始着手建立中国建设银公司，他的抱负很大，正如宋子文对中国银行总经理张嘉璈所谈到的，他要做"中国的摩根"。在国联官员、法国人蒙内的启发和帮助下，1934年5月末，宋子文正式发起并成立了这一新的金融机构——中国建设银公司，这是宋子文旨在引入外国

1933年3月18日，宋子文、张学良到热河视察（前排左二起：张学良、宋子文、汤玉麟、孙殿英）。

资本而建立的公司。最初，按照宋子文的想法，考虑此公司由中外合资（不包括日本），成立投资机构，达到一亿元资本额，超过当时的中央、中国、交通银行；这些投资额由国内国外各投一半，但日本对此强烈反对，使英、美金融界没有介入。所以在筹建上，宋子文不得不转而依靠由国内资本组成建银公司。在一次非官方的会谈中，宋子文向蒋介石和孔祥熙谈起自己的想法：

"实际上，我想搞中外合资，投入得大一些，也好起到相应的作用，但日本人反对，西方国家又不很支持，没办法才想到由国内筹款。"

"名义呢？私人还是公营？"孔祥熙问。

"私人合资股份，它的宗旨是引入外资，争取西方的援华，复兴经济。但这需要国内金融界支持，我准备出面邀请各银行及财团担任发起人。"

"很好！"蒋介石表示支持，"国内金融现在不景气，成立这样的公司很有必要，可以打通西方援华的通道，利国利民，我想，政府是会支持的。"说完，蒋看了看孔祥熙。

"当然支持，不仅会支持，而且还会介入，我本人还要认股。"

"嗯！庸之兄可以先为子文兄造些声势嘛，推动这件事尽早实现，那些大银行也可以认股，这也是政府想办而没有办的事业。"

"我已经和子文就细节问题做了一定的沟通，相信很快。"

四明银行上海总部旧影

1934年4月初，孔祥熙发表书面谈话，表示上海金融界有拟组织中国建设银公司，借以便利将来外人投资我国建设事业之议。中旬，孔祥熙再次向报界谈到，宋子文及他本人加上中央、中国、交通等大银行，将以1000万元的资本合组中国建设银公司，孔身为行政院副院长、财政部部长并兼中央银行总裁，有他的支持和介入，对于宋子文筹建该公司很有利。

通过紧锣密鼓的筹建，1934年5月31日该公司终于成立，在发起人会议上，发起人除宋孔二人外，还有李石曾、张静江、贝祖诒（贝淞荪）、张嘉璈、周作民、钱永铭、宋子良、傅耀宗等 30 余位当时最为著名的金融界巨子。除个人认股外，中央、中国、交通、金城、中南、上海等银行及实业均成为该公司的团体成员，会议选孔祥熙为董事长（不负责具体业务）、宋子文与贝祖诒被选为执行董事、宋子良为总经理。

宋子文通过其影响，使国内当时最大的银行作为中国建银公司的股东，使该公司具有一般公司和银行无法比的优势，所以，在成立后，该公司的盈利直线上升，资产从 1934 年末的 1260 万元增至 1936 年末的 3283 万元，当年的纯利润就达 1914 万元。这在很大程度上归之于中国建设银公司与南京国民政府的种种特殊关系。

中国建银公司的成立，立刻遭到了日本的强烈反对。在筹备时，日本驻南京总领事便明确表示：日本反对外国对华提供财政援助，中国必须首先清理其积欠的债务。

当该公司与中英银公司进行沪杭甬铁路贷款协定谈判时，日驻南京总领事须磨出面加以反对，并向美国驻华公使詹森游说道：目前外国对华投资是不明智的，因为这会减少使中国清理积欠债务的压力，而且这种投资会引起中国的内部纷争。同时，日本外交部亚洲事务局官员获原称：中国建设银公司有国联背景，蒙内（国联官员法国银行专家）是代表国联的。建银公司有孔、宋这样的成员，带着明显的政治色彩，这也是日本所不能接受的。

美国当局此时对该公司持谨慎观点，但美的金融界都为宋子文此举而动，摩根公司开始对中国建银公司感兴趣；英国的企业界就更加活跃，各大银行、实力企业纷纷与中建银公司取得联系。

宋子文发起中建银公司，不仅是其凭借政界背景，通过金融机构向实业界发展势力的开端，更是他谋取欧美对华援助、遏止日本对华进一步扩张政策的继续，宋子文显然带有这两方面的主观动机，而客观上也起到了相应的作用。

蒋介石如此支持宋子文成立建银公司，一方面是他对这位理财能手还很赏识，另一方面，为了实现个人的野心，必须有西方强大的支持为后盾，而宋子文是最合适的人选，两人的目标虽然不同，但目的却是一致的。所以，在日本发出不满和阻挠的情况下，蒋多次表示支持宋子文。

中建银公司步入正轨后，蒋介石给了宋子文一个更大的发展空间——出任中国银行董事长。

1934年末，宋子文参加了国民政府的币制改革方案的谋划。自该年下半年以来，由于世界市场银价腾涨，美国放弃金本位而改为银本位，中国社会经济机制中原有的矛盾迅速激化，国民党政权处于财政枯竭状态，金融开始恐慌。为了维持统治，国民党当局一方面筹划在国内逐步推行金融及主要经济环节的统制，另一方面，曾多次向英、美、日等国谋求财政援助。

实现金融统制的第一个重大步骤就是攫夺、控制中国银行。

在总经理张嘉璈主持下的中国银行，当时无论在放款额还是发行钞票额上，总是高于国民政府的中央银行，尽管在宋子文任财政部部长期间就试图强化对中国银行的控制，但在人事和官股额上，都不具备起决定作用的条件。

因而，蒋介石在"剿共"期间，于1935年3月，把宋子文和孔祥熙召到武汉进行密商。谈话中，孔祥熙谈到目前国内金融时说：

"现在，由于国际的影响，国内金融界一片恐慌之声，各界迫切要求政府出面来扭转金融恐慌的局面，而这个时候也恰好是个契机，可以借此对中国银行这样难以驾驭的机构加以控制。"

"中国银行实力雄厚，在人事和官股上都有独立性，张嘉璈又是老资格的金融家，在金融界享有很高的声望，为人很倔强，我任职时就曾经有过庸之兄的想法，但条件不具备，现在嘛，要想控制，除非在上述两方面有变动，最起码——"宋没有把话说完，但谁都清楚他下面未说的话。

"现在，金融的恐慌与经济困境，其根源就在于金融币制与发行之不统一，很多银行搞独立，而其中，中国和交通银行两大家，阳奉阴违，不能绝对听命于中央，不同中央搞彻底的合作，这是症结所在。我和中央的一些同志交换过看法，他们也是这样认为的。我想，像张嘉璈这样不能与中央彻底合作的人，必须完全脱离中国银行，中国银行该改组、变动一下。张嘉璈离去后，我的意见由子文兄去中国银行主持，希望子文兄不要推辞，以救党国于危难之中。"

三人商议完毕，蒋即指使孔祥熙开始谋划，把宋送到中国银行，驱张出离。

这一行动曾有许多人不赞同。行政院长汪精卫曾向蒋介石提出有无"事后补救"办法，蒋表示，须"坚决主张，贯彻到底，以救重危之党国"。张嘉璈得到消息后，通过其密友，蒋介石的亲信黄郭于月底向蒋提出，希望仍兼任中国银行总经理一个时期，但蒋的态度很坚决，迅速指使孔祥熙下达改组决定。

就在张嘉璈通过黄郭向蒋说情的第二天，财政部长孔祥熙即向中国银行发出训令，主要内容是增加官认股，重开董事会。随后，孔祥熙指派宋子文、叶

伤愈后的汪精卫，其左眼外角下的伤疤清晰可见。

琢堂、宋子良、杜月笙等九人为中国银行官股董事，参加该行股东会议。

对于当局的强取豪夺，中国银行的商董和商股只好无奈默认，提出官商平股，委托董事长李馥荪和孔建议，孔当即应允。

官商同股，董事会便可势力均衡，为达到目的，孔祥熙在 4 月召开的中国银行新一届董事会上以"商董"身份参加并主持会议，会议实际被操纵，按照事先已定好的走一趟过场。

会议通过张嘉璈辞去常务董事，通过了李馥荪辞去常务董事及董事长，选举宋子文等为常务董事，使 7 名常务董事中，官股占 4 名。当日，根据修正后的中国银行条例，财政部部长孔祥熙指定宋子文为中国银行董事长。宋指定年迈的宋汉章为总经理。而根据新条例，新一届董事会后，该行由原来的总经理负责制改为董事长负责制。

与此同时，在酝酿币制改革和推行上，由于蒋介石的支持，宋子文在台前幕后都发挥了极其重要的作用。

由于金融恐慌，国民党当局曾多次向英、美、日等国谋求财政援助，日本政府多次拒绝了中方的要求，因此，国民党当局只有把争取外援的希望完全寄托于欧美大国。为此，孔祥熙曾多次间接或直接地向英方探寻借款的可

能性，但均遭冷遇，鉴于此，蒋介石与孔祥熙经商议后，决定只有请宋子文出面同英方交涉。

这样，蒋与孔把宋子文请来，由蒋出面劝架——因为孔祥熙与宋子文存在一定矛盾。

"金融恐慌至今，政府极力筹划解决，庸之兄为此事也是多次尝试向西方贷款来谋求经济之平稳，无奈英美等国，尤其是英国反应很冷淡，如果这个计划不能实现，币制改革也是空话，国家的经济将不可收拾，因此，我和庸之兄等交换了一下看法，觉得请子文兄出面与英方接洽较为合适，在具体问题上，政府将给予你处理财政、金融的全权，希望子文兄不要推辞，以国家大局为重。"

尽管宋子文不十分情愿帮孔祥熙收拾烂摊子，但碍于情面，更主要的是，币制改革如果失败，则金融财政必将陷入瘫痪，日本扩张的势力将无法遏制，这是宋子文极不愿看到的，所以尽管宋子文对孔祥熙打乱了自己精心建立的预算制度，对此不以为然，但还是抛弃了这些个人恩怨，答应出面。

经过宋子文的交涉，英方已有贷款的意向，但其要求是中国放弃现行币制，将其货币与英镑相联，采用英镑汇率本位，中国以自己的白银储备为担保。宋子文与孔祥熙同意了这个提案，但英政府却又中途变卦，意欲达成一个由英、美、日、法四国参加，并以英国为主的国际援华方案，但受到其他三国冷遇，于是只得派财政专家李滋罗斯赴华，商谈援华及币制改革方案。

宋子文并未坐等事成，而是积极与英美代表及金融家频繁接触，并分析了日本对华扩张的野心及中国财政金融危机和复杂的政治形势，呼吁英美不要再拖延，否则将有损于英美在华利益。

而此时，宋子文面临着很大的压力，由于英政府的徘徊，国内亲日派积极在国民党上层活动，日本也施加压力，要求宋子文离开位置，此时蒋介石虽坚持要宋子文全权负责，但受周围人的影响，也对是否能从英获得借款而发电向宋子文询问，表示其怀疑。亲日派和主张通货膨胀的一些人联合起来，攻击宋子文。这种情况下，宋子文除了尽快争取到英国援助外，别无他途。于是宋子文采取一切措施游说英在华的外交官和金融界、商业界人士，并建议李滋罗斯来华前先提供一笔紧急贷款。宋子文对英在华人员的呼吁得到了极大的回应，在华有着直接利益的上海汇丰银行总经理享奇曼，甚至同意由汇丰银行来提供宋子文提出的500万至1000万英镑贷款。

宋子文和孔祥熙与李滋罗斯就中国币制改革，并采取英镑汇兑本位达成了协议。但英政府又一次拒绝了对华贷款。而此时，国内金融恐慌已到了不可收拾的地步，于是，宋子文与孔祥熙经研究，电请蒋介石后，宣布了币制改革法令。主要是以中央、中国、交通三银行发行法币，收缴国内白银，提交白银出口税等，由于英政府在最后关头仍未提供最早应允的贷款，所以宋子文在审定币制改革法令条款时，没有写入采用英镑本位。李滋罗斯虽经努力但未改变政府想法，遗憾之余，与英驻华公使沟通，做了一定工作，使英方在宋币制改革时，对宋子文的防止白银外流给予了实际支持。

币制改革后，宋子文还通过一系列金融手段，使法币始终与英镑汇兑稳定，在一定程度上稳定了国际市场，在国内，西安事变后，宋子文迅速赴两广，统一币制。

宋子文虽然是下野之身，但由于其特殊的政治背景和很大的金融影响力，迅速地使国民党在一定程度上摆脱了金融危机。宋子文如此卖力地帮助以蒋介石为首的南京政府，除其意识到要以经济手段抵抗日本侵略以外，由于宋子文向来对金融事业关心，而且改革金融又是其夙愿。加之，宋辞职后，蒋宋冲突减少，蒋对这位郎舅又不无延揽之意，而且宋子文也没有因辞职而泯灭了仕途的打算。所以，宋才如此卖力地为蒋分忧解愁。

就在币制改革公布前夕，国民党四届六中全会在南京召开，汪精卫在会议期间遇刺成重伤，从而中止了他直接操纵华北对日妥协的亲日活动，而蒋在随后召开的五届一中全会中则被推到了行政院院长的职位上，至此，蒋介石已成为集党政军大权于一身的领袖。蒋在任院长后，马上对行政院所属各部、委、署的人事做了一番安排，汪派分子被驱逐，蒋派势力纷纷入主各部委。蒋在完成这一系列举动后，对日的态度开始公开强硬化。

以汪精卫为代表的亲日派离开国民党上层，五届一中全会后，蒋介石对日态度变得强硬起来。这是因为，日本于1935年制造华北事件，策划所谓"华北五省自治运动"，在冀东建立伪政权，野心勃勃地把侵略势力伸入中国内地。国难深重，整个中国为之震动，由此而掀起了轰轰烈烈的"一二·九"

运动，群情激昂，中国人民的抗日救亡运动达到了新高潮。中国共产党也于1935年底召开了瓦窑堡会议，确定了抗日民族统一战线的方针。

随着汪精卫等亲日派离开国民党上层，对日强硬派逐渐占据中枢。那种认为中国必须抗日而且能够抗日的主张逐渐形成广泛的舆论，而此时的蒋介石认为"围剿"已"初告成功"，消灭红军的办法可以改为通过谈判，进行"收编"，达到最后"溶共""灭共"的目的，于是蒋介石自1935年开始，在继续封锁"围剿"中共的同时，也伸出了一些触角，进行试探，谋求同中共进行接触与联系，于是蒋介石授意宋子文，负责打通同中共的联系渠道。应该看到，蒋宋主动想同中共联系，与国内局势的变化有很大关系。

1935年日本侵略者在强占东北后，又制造了华北事变，发动了所谓"华北五省自治运动"，在冀东建立伪政权，野心勃勃地把侵略势力伸入中国内地。国难深重，全国人民的抗日救国运动达到了一个新的高潮。这种情况下，蒋介石开始通过各种渠道同中共接触。

在国外，蒋任命曾是自己侍从秘书的邓文仪为驻苏大使馆武官，秘密授意邓与中共驻共产国际代表团接触，邓与团长王明进行了多次会谈，但没有取得结果。

由于宋子文在第一次国共合作期间与毛泽东等几位中共领导人有过接触，而且宋子文一贯对日强硬的主张很受中共的欢迎，所以，1935年下半年，蒋指使宋子文负责国内打通渠道，在一次私下会谈中，蒋向宋道出意图：

"如今'剿匪'已初告成功，对付红军也该改变一下策略，只要他们放弃搞独立，把军队纳入中央，统一指挥，我蒋某是欢迎的，我准备请子文兄负责对中共进行接触。"

"日本步步紧逼，抗日在即，如果委员长能够举起大旗，相信中共会拥戴您做领袖的。"

"嗯！子文兄与毛泽东和周恩来都较熟悉，沟通起来方便，所以请你出来负责，代弟偏劳。"

"只要有利于国内团结，一致对日，收复失地，子文自当为委员长效力，至于先派谁去，我还要到上海与二姐商量一下。"

"对，很好，中共向来对孙夫人是敬重的。"

　　商议完毕，宋子文迅速回到上海，前往宋庆龄住所，向其表明蒋的意图。姐弟二人经商议，决定请董健吾前往。被二人看中的董健吾是神秘人物，他曾在上海与宋子文和顾维钧等同学，1928 年加入中国共产党，在上海，利用圣彼得教堂牧师的身份收养流落、失散在江浙一带的革命烈士遗孤和革命者的子女，毛泽东的三个儿子岸英和岸青及岸龙（后得病身亡）以及蔡和森的女儿蔡转，澎湃的儿子小不，恽代英的儿子希仲等均在董健吾开办的"大同幼稚园"寄养过。

　　1936 年 1 月，宋氏兄妹将董健吾请到宋庆龄住宅，寒暄过后，宋庆龄向董健吾说明情况，并拿出一封带有火漆的密信，对董说："你立即动身，经西安去陕北中共中央所在地，将此信面呈毛泽东、周恩来，此行成功，益国匪浅。"

　　董健吾虽知此行目的，但他应有疑虑：中共与国民党打五六年，蒋一直叫嚷"攘外必先安内"，怎么会这么快就有变化？基于此，董对宋子文说：

　　"孙夫人和子文兄看中我，能为国共合作尽力，甚感荣幸，不过，我还是想请子文兄与我一起到南京，面见委员长；另外，我是个牧师，恐怕行动不便吧？"

　　宋子文笑了笑，"这个我早已想好。"说着，拿出一张委任状，"这是孔财长签名的，从现在起你就是'西北经济专员'，有这张委任状足可保你途中安全。至于面见委员长——"宋子文看了看宋庆龄，宋庆龄点了点头。

　　于是，宋、董二人于第二天到南京面见蒋介石，一番勉励之后，蒋对董说："密函你面交毛周，同时也可传一下我的意思，甲，不进攻红军，乙，一致抗日，丙，释放政治犯，丁，武装民众，戊，倾，我尚有款。"

　　得到蒋的接见，董健吾放下心来，带着密函直奔西安，会见张学良。董在会谈中，以财政大员的口吻说："张将军，我此次来是特意向你借飞机飞往红区的。"

　　张学良一愣，脱口说道："就凭你这句话，我就可以立刻把你拉出去枪毙。"

　　"张将军少安毋躁，健吾深知张将军爱国、报国的心迹，如今国难深重，全国一片抗日的呼声，张将军也多次请缨，实为军界之楷模，中共倡议和平抗日已久，而张将军不愿内战更是举国皆知，弟此次来陕，受孙夫人和子文兄之托，代委员长与中共沟通合作事宜，想必张将军不会阻余此行吧。"

"中央真有此意？"张学良半信半疑，董健吾笑着说："可以问问南京方面嘛，另外，将军与子文兄过从甚密，问他也可。"

张学良立即派人往南京到宋子文处询问，得到证实后，很高兴地对董说：

"南京方面已答复，兄弟对董兄敢负此大任佩服之至，我已下令派飞机把你送到肤施，然后再派一骑兵连护送你到苏区。"

在张学良的帮助下，董健吾秘密来到瓦窑堡，受到了博古和林伯渠的热情接待，由于毛泽东和周恩来在东征前线未归，董健吾又急于回南京复命，所以未见到二人，只是带回了毛泽东愿与南京谈判及提出的五项建议。

董健吾回到上海后，向宋庆龄、宋子文及孔祥熙转达了中共的五项主张：（一）一致抗日；（二）组织国防政府与抗日联军；（三）允许全国红军集结河北；（四）释放政治犯，容许人民政治自由；（五）内政与经济上实行初步的必要改革。

宋子文迅速到南京复命。蒋介石在与宋子文商议后，决定派曾养甫与中共进一步接触。

曾养甫是当时的铁道部部长，与宋子文关系很密切，在接受了使命后，曾找到当时的劳工科长谌小岑，托他办理此事。

受检阅的东北军和第十七路军

在谈到幕后背景时，曾对谌说："我与宋子文曾多次交换过看法，宋有很大的抗日决心，他主张把全国的军队调往华北，与日本作战，这里当然包括中共，这样就掀起了全国的抗战。现在，争取美援的工作都是宋子文出面的，宋说过，委员长终于要进行长期的抗日战争了，国共第二次合作已成为可能，原则上，国共合作后，共产党的地位还要再研究，但其合法地位是肯定的。我们现在是铺路，路铺通了，他们就会'相见'的。"

在曾的授意下，谌迅速地通过北平自由职业者大同盟书记吕振羽同中共取得了联系，同时，谌小岑又通过国民党宣传部下属征集部左恭同中共上海组织取得联系，经过多方接触，多次秘密谈判，国共双方虽没有涉及实质性问题，但在抗日等大方向上取得了一致意见，而且互相传递了双方党中央的意向，为第二次国共合作打下了基础。而且，此期间，毛泽东曾首先致信宋子文，叙友情，议大局，对宋子文的抗日救亡思想的继续发展有着重要影响。

在频繁接触的同时，蒋介石依旧督促张学良和杨虎城向陕北"进剿"，并亲自赴西安"督剿"，蒋的一意孤行终于逼得张杨二人发动了震惊中外的"西安事变"，扣蒋兵谏。

四、张杨西安发动"兵谏"，逼蒋抗日；宋子文充任"和平使者"，国共再度合作

如前所述，蒋介石在秘密伸出触角接触中共的同时，没有放弃对陕甘中共的"围剿"。1935年底，蒋介石自成都飞开封、太原、南京等地，策定陕甘地区"清剿"红军计划。返回成都后。蒋亲兼西北"剿匪"总司令，张学良为副总司令，分三路向陕甘地区进攻。但在进攻中，东北军与西北军均遭红军重创。陕甘地区第三次"围剿"彻底失败。此时，东北军士气低落，军心浮动，纷纷要求打回东北，与日寇决一死战。张学良进退维谷，最后，在全国掀起抗日高潮时，张决定"联共，联杨（虎城）联盛（世才），实现西北大联合，抗日救国。"1936年4月，张学良与周恩来在延安正式会谈，张提出了"联蒋抗日"的主张，与此同时，中共发表《停战议和通电》，呼

吁国民党停止内战。

8月，蒋介石从特务机关处获悉，"东北军'剿匪'部队思想庞杂，言动歧异，且有沟通匪部自由退却等种种复杂离奇之事"，"张杨二人皆与中共有直接关系……"

10月24日，蒋介石亲赴西安，召见杨虎城、张学良，宣布大举"剿共"计划，张学良则陈述自己的主张：

"东北军各级将领纷纷要求停止'剿共'，以抵御日本的侵略，学良也恳请委员长让我们同日寇决一死战，收复东北。"

"胡说！自古以来，风吹草动，兵随将走，当统帅的不动摇，当兵的就不会动摇，我看是你的思想有问题吧？"说到这儿，蒋可能觉得话重了一些，便缓了一下口气，"'共匪'已至日暮途穷，此时若不根除，必将贻祸将来，无论如何，'剿共'的政策是不能变的，士气问题，我来解决。"

随后，蒋由张、杨陪同，到王曲军官训练团训话，扬言，"我们最近的敌人是共产党，为害最急，日本离我们尚远，为害尚缓……对不积极'剿共'而轻言抗日者，我是要予以制裁的……"就在蒋训话时，台下军官纷纷交头接耳，秩序"极坏"，蒋面对如此气氛，只得恼怒地离开。

10月29日，蒋介石以避寿为名，由西安返抵洛阳，开始频繁与阎锡山、韩复榘等地方将领会谈，部署兵力，准备在进一步"剿共"的同时，相机解决东北军与西北军。此时，蒋在乎汉、陇海线集结了中央嫡系精锐30个师，另外增调一支装甲部队驻豫西，命令扩建西安、兰州两地机场。

一切布置完毕后，蒋下令逮捕了上海救国会领袖沈钧儒等"爱国七君子"。12月初，蒋在给洛阳军分校训话时，弦外有音地说："我们要知道，'剿共'是我们的既定政策，也是国家的根本大计，绝不能动摇，就是有人拿枪打死我，我也不能变更。"蒋的态度，迫使张学良返回西安与杨虎城进一步商议"谏蒋"抗日。蒋在特务机关处获悉，"张、杨将有非常之密谋与叛乱。"于是蒋于12月4日二进西安，设行辕于临潼华清池。随后，党政军重要官员和将领陈诚、卫立煌、蒋鼎文、朱绍良、邵元冲、钱大钧等先后到达西安，蒋的嫡系部队也纷纷受令开赴潼关，130余架战斗机轰炸机也降落西安机场。蒋对"西北剿总"各将领逐个接见，面授机宜，布置新一轮"剿共"。

10 日，张学良再次与杨虎城到达华清池，见蒋后，张依旧苦劝蒋改变内战政策，挽救国难，并痛哭陈词，恳请接纳。但蒋依旧顽固，对张、杨二人说："不要再讲了，'剿共'政策我是至死不变的，就是你们拿枪顶着我的脑袋我也不会变！"

"委员长——"张学良依旧没有放弃希望。蒋不耐烦地挥挥手，打断了张学良，"不要再讲，不要再讲，既然你们不愿意'打内战'，我来负责，叫他们指责我好了。我给你们两

西安事变翌日，《西北文化日报》的报道

个方案：一是服从中央，命令东北军和 17 路军开赴陕甘；二是你们分别调往福建和安徽，由中央军来承担陕甘'剿共'任务，你们两个出国。"

张、杨苦劝不成，又不愿意被蒋"肢解"，于是二人商定"兵谏"捉蒋，逼其抗日。

12 日凌晨，张、杨命令部队乘车直驱华清池、蒋住地"五间厅"，蒋在越墙逃往骊山时，扭伤脚、腰，被东北军士兵在骊山一岩穴中发现，被拥上汽车，9 时，押蒋的汽车回到西安绥靖公署新城大楼，此即著名的"西安事变"。

当日下午，张、杨二人通电全国。电称："东北沦亡，时愈五载，国权凌夷，疆土日蹙……前方之守土将士浴血杀敌，后方之外交当局仍力谋妥协。……学良等涕泣进谏，屡遭重斥……学良等多年袍泽，不忍坐视。因对介石最后之净谏。保其安全，促其反省。"同时，张、杨提出八项《救国主张》：（一）改组南京政府容纳各党各派共同负责救国；（二）停止一切内战；（三）立即释放上海被捕之爱国领袖；（四）释放一切政治犯；（五）开放民众爱国运动；（六）保障人民集会结社一切政治自由；（七）确实遵行总理遗嘱；（八）立即召开"救国会议"。

13 日上午，张、杨致电中共中央，邀请中共立即派代表团赴西安共商

抗日救国大计。同时，二人来到新城大楼，面见蒋介石。蒋见二人进屋，便叫着说："你们来干什么？我不愿意看到你们。"

"委员长，我们来看望您，听说您拒绝进食，希望委员长保重身体，此举实出无奈，也是人民公意，意在促使委员长能够停止内战，共赴国难，只要委员长能够举旗抗日，我们依旧视您为领袖。"

"你们还认我是领袖？那好！那你立即送我回南京！"

"这——"张学良对蒋的话没有准备。实在说，蒋的话在此时此景是无理要求。这样，谈话陷入僵局，二人只得无奈退出。

西安事变在国内外引起极大震动，尤其是在国民政府及国民党中央，12日晚8时，国民政府驻洛四十六军军长樊崧甫将消息电告军政部部长何应钦。

国民政府主席林森在接到张、杨通电后，马上组织召开中央政治委员会议，讨论"处置陕变"办法，会议决定：（一）行政院由孔祥熙副院长负责；（二）军事委员会推何应钦、程潜、李烈钧、朱培德、唐生智、陈绍宽为常委；（三）军委会议由冯玉祥及常委负责；（四）军委会由军政部长何应钦负责指挥调动军队；（五）张学良应先褫夺本兼各职，交军委会严办。在讨论如何营救蒋介石的问题上，发生激烈争论，主张军事讨伐者以何应钦、戴季陶、陈立夫、陈果夫等人为代表。

"张、杨二人早有通共之心，此举必有其背景。他们肯定要以委员长的生死作为政治上的要挟，中央要旗帜鲜明，不能曲从其意，尤其不能过于瞻顾委员长的安全，而置国家纲纪于不顾……"何应钦侃侃而谈，其意很明显。

"敬之说得有理，虽然委员长的安全很重要，但中央绝不能因此而向张、杨屈服，应该坚定立场……"戴季陶的调子也很急。

虽然主张讨伐者占上风，但一些与蒋私人关系很密切者仍然主张从缓讨伐，于是林森决定休会，等待孔祥熙从上海返回。

此时宋子文也从香港返回了上海，由于宋子文与孔祥熙和宋美龄一直通电，所以对国民党中央对事态的处置很清楚。经电商，宋子文已建议宋美龄派蒋的私人顾问端纳先行飞往西安，探查事情究竟。

宋子文回到上海，立刻被新闻界包围，于是宋在中国银行对新闻界发表了谈话，他说：

"对于蒋院长在西安的安全，本人绝对相信，本人以为，西安事变乃国家之最不幸之事。目前急需有效的办法，在短期内加以解决。现在全世界的目光正集于中国。本人与蒋院长公私关系，及与张学良多年之友谊，均为世人所共知。在特殊关系中，如有任何可能解决之办法，本人极愿在政府领导之下，尽最大努力。至于采取何种办法，须待政府决定。本人是否有赴西安一行之必要，亦待命于政府。端纳先生已经到了洛阳，马上就会转往西安。本人目前受孔财长之嘱托，对于金融方面加以照料。目前市场尚称平稳，中央交三行对于外汇，照常无限制买卖。"

宋子文这一番话虽然不多，却很耐人寻味。他没有使用攻击性语言，而且指出自己与张学良有多年友谊，相信蒋在西安绝对安全。与南京政府一片指责声不同，宋子文主张和平解决之意明显，而且还透露出愿意西安一行。应该说以宋子文这样的影响，说出这番话，很大程度上稳定了人心。

此时，孔祥熙和宋美龄均接到张学良的电报，表明蒋在西安安全，说明兵谏的原因，孔、宋二人当即返南京。

13日，孔祥熙主持召开两会，会上，孔祥熙"力主镇静"，应缓和，但在一片讨伐声中，孔的讲话显得苍白无力，见此情形，宋美龄站出来讲话：

"诸位，在真相未明之前，就决定对张、杨处罚，我觉得过于急了。而就军事而言，立即调动军队进攻西安，轰炸西安，丝毫无商量余地，我更是不能认为这是健全的行动。一部分国人对中央抱有不平，中央应该虚怀若谷，探求其为何不平，而尽力纠正之。同是国人，本党同志，如有其他途径可寻，又何必一定军事解决呢？所以，我主张以不流血的和平方式解决。"

"夫人心系委员长之安危，我们又何尝不是为了营救委员长，可此时也不能过于顾及委员长之安全，而置国家纲纪于不顾吧。"何应钦软中带硬，仍主张讨伐。

何应钦一开口，戴季陶马上起声附和，随后，讨伐声一声比一声高，宋美龄与孔祥熙孤掌难鸣，于是孔祥熙只好在会后和林森联名签发了《国民政府军事委员会斟酌情形于必要地区宣布戒严令》。

14日，被宋美龄派往西安的端纳致电宋美龄，报告蒋在陕平安，并转达了张学良邀请孔宋二人同来西安商谈和平解决办法的信息。

端纳自为蒋的顾问，他的信息本应成为南京政府的重要依据，但南京政府以何应钦为首的一些人极力阻挠派员去西安谈判。有人说："叛部计划异常阴恶，委员长此时即使不死，亦必身陷危境。"

宋美龄气愤地说："靠无端的猜测是不能有利于解决问题的，端纳先生与介石多年之谊，他的话是可以信赖的。"

"端纳来电，实际上是为了迎合西安的心理，想诱骗孔院长与夫人入陕，作为重要人质，以增加叛部的谈判条件。"何应钦的目的只有他自己清楚。

"对，何部长言之有理，张学良的目的就是要拘禁夫人，此行万万不可。"戴季陶附和。

虽然宋美龄一再坚持，但一些人横加阻拦，会议仍旧不了了之。

17日，宋子文自上海返南京，孔祥熙和宋美龄在蒋公馆与宋子文密商，宋美龄很着急。

"何应钦已经通电就职，中央军已开进潼关，飞机开始在渭城轰炸，有消息说，西安上空也出现了飞机，何还扬言要炸平西安。"

"他们根本不把我这个院长放在眼里，我的话起不到任何作用。"孔祥熙很沮丧地说。

"我要与孔院长去西安，他们一再阻拦，而端纳先生的来电也被说成是别有用心，这不是明摆着要动武，借机置介石于死地吗？"

"情况不明，我先去一趟西安，汉卿与我多年交情，相信此行安全，探明真情后。回来再商议。"

宋美龄将宋子文决定入陕的情况打电话通知端纳。但一些国民党要员闻讯后，纷纷阻止宋子文入陕，有人公开称，"宋氏之行为不当，宋氏身为全国经济委员会常务委员，且亦为中央执行委员。果赴西安，难免有政府与叛逆讨价还价之讯。"

正在此时，何应钦接到了张学良发出的〈巧〉电和蒋介石的手谕。

蒋手谕函示："敬之吾兄，闻昨日空军在渭南轰炸，望即令停止。以近情观察。中正于车星期六前，可以回京，故星期六前万不可冲突，并即停止轰炸为要。中正手启。十二月十七日。"

接电后，何应铁下令停止轰炸。19日，宋子文与何应钦等会于孔祥熙寓所，商讨入陕事宜。

会上，宋子文提出愿前往西安探明真相，何应钦再次阻拦。

"子文兄，此时不应冒险前往西安，阁下对于中国财政的贡献世人瞩目。如果万一被叛乱者关进监狱，那将是中国巨大损失，另外，讨伐西安的军事行动已安排，子文兄前往西安，很危险。此时，对于劫持领袖的张、杨二人，只有讨伐才可维护纲纪，表明政府之决心。也只有造成巨大的军事压力，委员长才有安全保证。"

"此时此刻，党国的纲纪是最重要的，我们不能与叛逆者谋求妥协而降低政府的威信。委员长的安全固然重要。但维护纲纪更重要，否则，我们如何领导全国。不能以个人的安危为转移，而不顾全大局……"戴季陶的调子很高，说得头头是道，一时无人敢反对。

"既然政府不能与张、杨直接谈判而自贬威信，子文现在是普通百姓，愿以私人资格前往西安探询真情，做劝导叛变者之工作。"

孔祥熙马上表示同意，"这样较妥，子文以私人资格前往，既可不牵扯政府，又可充分相信"。

"我同意，阿哥走后，政府可以令各报刊登此行纯为私人资格，另外，我已与孙夫人（宋庆龄）通过电话，她也同意阿哥前往，而且也准备赴西安一行。"

何应钦和戴季陶等虽还阻止，但在场的多数人表示默许，实际上宋子文已经可以成行。

19日下午，宋子文带着宋美龄和孔祥熙致蒋介石的密信飞临洛阳，短暂停留后，于20日上午飞抵西安。

虽然宋子文最终成行，但他的心情很沉重，西安方面情况未明，南京方面讨伐声依旧，稍有闪失，内战便一触即发。

宋子文抵达西安

所以，他感到了自己身上的担子很重。

张学良与杨虎城亲至西安机场迎接宋子文，在开往新城的车上，宋子文向张学良询问了西安事变的意图和事变后的一些情况。张学良明确地向宋表明："东北军、十七路军和红军已经决定采取和平解决的方针，只要蒋答应'双十二'通电所要求的八项主张，三方面一致同意放蒋归京。"最后，张学良以诚恳的态度对宋子文说：

"子文兄一向对委员长是有影响的，何况子文兄也是一贯主张抗日的。这次见到委员长，还要多加恳劝，请委员长放弃主张。停止内战，团结全国人民抗日。"

"当然，当然，国难如此，抗日是符合民心的。"

宋子文在张、杨的陪同下，来到蒋住所，蒋介石正在床上闭目养神。见到宋子文情绪异常激动，顾不得腰、脚伤拄拐棍站了起来，宋子文赶紧上前扶住蒋。蒋对宋身后的端纳点点头，却没有与张、杨打招呼。

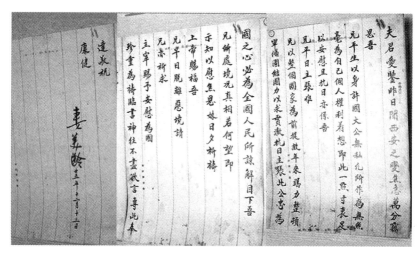

西安事变时宋美龄托宋子文捎给蒋介石的亲笔信

寒暄过后，其他人告辞而出，宋子文拿出了宋美龄和孔祥熙的信。一向以"冷面将军"著称的蒋介石见宋美龄信中"如子文三日内不回京，则必来与君共生死！"之语。百感交集，泪流满面。

读罢信后，蒋对宋说："南京方面这几天怎么样？"

"情况不太妙，很多人嚷着要军事讨伐，我此次是以私人资格前来的，即便如此还有人反对。"

"现在，只有组织军事进攻，对他们施加压力，我才能脱离危险。"

"这也许是个办法，但现在是有些人别有用心，他们打着不妥协的幌子，想要置委员长于死地。"

"可现在共产党也掺进来了，汉卿被他们左右，我在这里一样危险，生死有命，你回去后，告诉美龄不要来这里，我已决心为国而死。至于迅速组织军事进攻问题……"蒋把进攻策略告诉宋，让他迅速返回南京。

宋子文没有立即回京，他在探视完蒋后，找到十七路军参议郭增恺，询问十七路军意见。杨虎城让郭转告宋："兵谏只是要蒋抗日，停止内战，不会杀害他的。"

宋子文了解到杨的意见后很高兴。郭增恺对宋子文说："中共方面已派周恩来、叶剑英、秦邦宪来到西安，宋部长是否见一下？"宋子文没有料到周恩来会来西安，不了解中共对西安事变处理的方针。他对郭说："周恩来一来，事情就难办了。"

"中共方面是受张、杨两位将军的邀请来西安的，宋部长不妨见见他们。"郭增恺建议。"这恐怕不妥，我这次来是以私人资格，不代表政府。如果贸然见他们，恐怕南京有些人会抓把柄，不利于事情顺利解决。这样吧，请郭参议代宋某见一下，了解一下他们的主张。"

郭受宋之托，马上来到周恩来的住处，向周恩来转达了宋子文的意见，周恩来笑着对郭说："宋部长过虑了，即使不见，那也未必不会有人说长道短的，郭参议做一下工作嘛，我们并不陌生，请郭参议代为转达，我愿意与宋部长叙叙旧情的。对于此次事变，我们的方针很明确：中共未曾参与事变，对事变主张和平解决，这也是我们团结抗日方针的继续，希望宋部长能认清全国的形势，劝说蒋先生改变政策，为国家做出贡献。只要蒋先生抗日，共产党当全力以赴，并号召全国拥护国民政府，结成抗日统一战线……"

宋子文对中共的主张大感意外，同时也对中共的方针很赞赏。在短短的一天时间里，宋子文了解了西安三方面和平解决西安事变的主张，目睹蒋介石十分安全。内心高兴，决定立即返回南京报告。

12月21日下午，宋子文离开西安，经洛阳返南京。在洛阳，宋子文向张学良发出一封亲笔信，要求张学良"释放蒋介石"。他还附上《大公报》12 月 18 日的社评《致西安部队的公开信》。这封所谓的"公开信"充满了对张、杨二位将军的攻击。

西安立即有所反应，《解放日报》于当天发表了《正告宋子文》的评论，表明了西安的态度。这篇文章肯定了宋子文的反日态度和行动，并对宋提出了三点希望：①"将西北民众的真实意图和热烈救亡的消息。带到京沪，并传给全国民众。"②"希望宋能站在民族解放的立场，召开救国会议，成立真正建立在民意上的国民政府。"③"希望宋子文回南京后，纠正南京政府利用新闻向世界传送的谬论。"

宋子文回到南京后，立即向孔祥熙和宋美龄详细报告了西安的情况和所见所闻，并向舆论界宣传了蒋在西安很安全，并且说明了西安方面和平解决的诚意。当有记者问及中共已到西安时，宋子文很坦诚地说："中共已派出代表团到西安。他们的主张是和平解决事变，促成全国团结抗日，形成统一战线，以周恩来为代表的中共能够在如此时刻到西安。足见其团结抗日，和平解决之决心。而南京有谁能承担这样的危险营救蒋委员长呢？相反，却有人主张轰炸……"

宋子文的谈话，使得那些主张武力"讨伐"的人不得不收敛以往的气焰，和平解决的主张在南京政府逐渐占据上风。这样，宋子文与宋美龄等商议过后，决定第二天赴西安谈判。

21 日上午，宋美龄、宋子文等飞经洛阳稍事休息后，于下午 5 时飞临西安。张、杨二人亲到飞机场迎接。宋子文

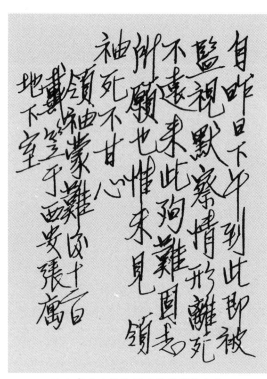

西安事变时戴笠写下的效蒋绝命书

第一个走下飞机，他身后是裹得严严实实的宋美龄。

宋美龄身后是一脸倦意的端纳，他已经是三进西安了。在他们身后是一身黑色中山装、令人望而生畏的戴笠。宋氏兄妹在张公馆稍事休息，随即去见蒋介石。

蒋乍见宋美龄到来，热泪盈眶，"你真的来了，这里可是虎穴。"

"龙潭虎穴都得来，介石，见你之前，我已经与汉卿他们谈过了。只要你决心抗日，他们还拥戴你做领袖，南京方面的情形也容不得拖延下去，你应该顺应民意……"宋美龄劝说蒋改变态度。

西安事变中飞抵西安救夫的宋美龄

"他们就用这种方式'劝'我抗日？"蒋显然觉得领袖的"面子"过不去。

"这是不得已而为之。"张学良辩解。

"恐怕是受人指使吧。"

"这纯是学良个人的主意，没有受任何人指使，中共事先并不知道此事，只要委员长同意团结抗日，他们也会拥护您的。"

"问题到了非尽快解决的时候了，种种迹象都表明再不解决，局势将有很大变化，日本此时正向华北增兵。"宋子文很担心蒋顽固到底，事情陷入僵局难办，但也要给蒋一个很高的台阶下才行，于是宋子文补充了一句："委员长是全国人民心目中的领袖。抗战救国还须您来领导，相信值此民族危亡之际，委员长能够毅然站出来领导全国抗战。"

蒋介石已别无选择。有了台阶自然要下，于是他对众人说："我同意谈判，但我不会出面的，请夫人和子文兄来代表，对于商定的条款。我不做任何书面上的签字，我以'领袖'人格来担保，回南京后逐条分步执行。"

蒋同意谈判后，单独留宋美龄和宋子文谈话，蒋授意二人说："谈判时你们作为代表，原则上可以按照他们的主张，回京后，改组政府的工作可以由子文兄来担任，三个月后召开救国会议，改组国民党。"

"联俄联共呢？"宋子文问。

"可以，至于条款，要分步进行，必要时，像何应钦、张群等亲日派可以先驱出政府，以平民愤。"

谈判是在张公馆二楼进行的，宋子文代表蒋介石，张学良、杨虎城、周恩来代表西安方面。

周恩来首先提出和张、杨商妥的六项主张：

一、停战，撤兵至潼关外。

二、改组南京政府，排逐亲日派，加入抗日分子。

三、释放政治犯，保障民主权利。

四、停止"剿共"。联合红军抗日，共产党公开活动（红军保存独立组织领导。在召开民主国会前，苏区名称不变，但可加上抗日或救国字样）。

五、召开各党派各界各军救国会议。

六、与同情中国抗日的国家合作。

周恩来阐述了这六项主张的理由，并声明如果这六条能够实现，中共将赞助蒋介石统一中国，一致对日。

宋子文听完后，表示承认这六条，但要转告蒋介石。中午，宋子文趁休息时间与蒋面谈具体措施。继续谈判后，宋子文提出了六条具体实施意见：

关于政府改组，宋子文提出可先组成一个过渡政府，三个月后再改为抗日政府。先将何应钦、张群等驱逐出政府。由孔祥熙任行政院院长，自己任副院长兼财政部长。宋还提出了其他各部部长人选。

张、杨、周推荐宋庆龄、杜重远、沈钧儒、章乃器等进入行政院。宋子文则坚持说这是过渡政府，三个月后，抗日局面展开，再彻底改组。三人从大局出发，原则上同意宋的意见，要宋负责组织过渡政府，杜重远、沈钧儒、章乃器等人可为行政院次长。

取得一致意见后，周恩来向宋子文提出，在过渡政府时期，西北联军先成立，以东北军、十七路军、红军成立联合委员会，受张学良领导，进行抗日准备，国民政府负责接济军需，宋子文说可以转告蒋。

告一段落时，宋子文迫不及待地提出自己的想法："汉卿，对于释放委员长的问题，我想是不是委员长先下令撤兵，然后放他回南京，然后释放七君子。"

"我觉得中央军应该先撤出潼关，而不是下令撤兵，七君子释放后，委员长再离开西安不迟。"杨虎城不同意宋子文的意见。

"委员长既然肯下令撤兵，就表明了诚意，尽早回南京，对安定人心、实施谈判条款也是有益的。"

"还是照杨将军的意思办吧，这也是我们一致的意见。如果蒋先生不同意六项条件，我很愿意和他见面谈谈。"周恩来说。

"细节我可以转告委员长，蒋夫人也是力主和平抗日的，周先生可以与她先谈谈。"

"好，就按宋部长的意思。"与会者一致同意。

周恩来随后与宋美龄进行了会谈，阐述了中共关于解决西安事变的主张及抗日的各项政策，希望蒋介石从速抗日。

12月24日上午，谈判继续进行，南京方面除宋子文外，宋美龄也参加了谈判，由于争执不多，谈判进展顺利。最后，谈判的结果是：

（一）由孔祥熙、宋子文组织行政院。宋负责组织使各方面满意的政府，肃清亲日派。

（二）中央军全部撤离西北，宋子文、宋美龄负绝对责任。

（三）蒋介石回南京后释放"七君子"，西安方面可先发消息，宋子文负责办释放事宜。

（四）苏维埃，红军名称照旧。宋氏兄妹担保停止"剿共"，由张学良负责接济红军。抗战全面爆发后，红军再改番号，统一指挥，联合行动。

（五）先召开国民党中央全会，开放政权，再召开各党派救国会议，不开国民代表大会。

（六）政治犯分批释放，具体办法与宋庆龄商议。

（七）抗战爆发后，共产党可公开活动。

（八）联俄，与英、美、法联络。

（九）蒋回京后通电自责，辞去行政院院长职务。

（十）西北军由张、杨负责。

条款确定后，宋子文对周恩来说："抗日反亲日派需要做许多工作。希望中共能派专人驻沪，与宋某保持秘密联系。这样一来，西北便成为我工作的后盾。"

"这个建议我们很欢迎，宋部长任重而道远，希望我们能常联系、沟通。共同完成抗战大业。"

谈判基本上圆满结束，当晚，宋子文找到张学良，再次提出释放蒋的问题，周恩来等也在场。

"汉卿，现在谈判已经结束，委员长已下达了手谕，中央军已奉命开始撤离潼关。是否可以放委员长回南京了？"

"我同意委员长回南京，而且我要亲自送他回去。"张学良立即表态。

"谈判已告一段落，蒋先生应该回去了，但我们认为：蒋先生是否能签署个文件性的东西，另外，西北诸多军务，张将军还是留下来主持为好。"周恩来很婉转地提出自己的主张。

"对，汉卿就不必亲自护送了，至于请委员长签字，还得征求一下他的意见。"

晚饭后，张学良收到东北军高级将领的信，要求蒋必须在谈判条款上亲笔签名并公布于报端，中央军必须离开西北，必须先放上海"七君子"，否则，不答应放蒋。张学良立即见蒋，通告上述要求。蒋表态："我是不会在任何书面文字上签名的，我以'领袖'的人格做担保，我答应的事一定办到。"

"学良是相信委员长的，我决定亲自护送委员长回南京，明天就走。"

"你就不必亲自送了。"

"不，还是我亲自送的好，有人说我能请神不能送神，我要让他们看看，我张学良此心天地可鉴。"

"汉卿送委员长是为了证明他并无加害领袖之意，但——"端纳有顾虑，他想到的是张学良能否再回到西北，在场的人都清楚端纳的意思。

"这样吧。由我和阿哥、端纳先生三人作保，汉卿到南京后就可以回来。"宋美龄说完看了看蒋介石。蒋很快地点点头，表示同意。

"那好，明天是圣诞节，争取在洛阳度过，由我和汉卿负责安排。"

宋子文急于要蒋回南京，所以提议由他和张来安排。宋与张相携而出，来到张公馆，宋子文不无担忧地说："汉卿，我考虑了很多。你是否考虑一下别去南京，这样会对你不利的。"

"我对委员长怎么样他心里清楚，如果我不亲自去，很多人会指责我，会说三道四，事情既然由我而起，就由我来善终吧。只要能有利于团结抗日，我张学良的个人荣辱算不了什么。"

宋子文仍顾虑重重："可据我所知，杨将军和中共及你的许多部下都不同意这么做，万一他们——"

"我已想好，此事秘密进行，请子文兄帮助委员长做好准备。"

经过一番秘密筹划，25日下午，张学良准备亲送蒋回京，行前，杨虎城匆匆赶到，看到蒋等正准备走，不明就里，忙问张学良。张对杨说："委员长现在就走，这是我做出的决定，我要亲自去送。"

"汉卿，"杨虎城很急，但又不能大声，"你不觉得有些草率吗？周先生同意没有？"

"他还不知道。"

"既然如此，那好吧，但我是不同意你去南京的。"杨虎城很尊敬张学良，不便当面反驳。

"就这样决定了，我走后，西北由你和于学忠负责，相信三四天我就可以回来的。"

宋子文不知道为何杨虎城偏巧赶来，以询问的目光看看张学良，张解释说："杨将军是来与我一同送委员长的。"

一路无话，众人乘车抄近路赶往飞机场。在机场，有2000多名群众，欢迎自华北来西安的傅作义将军，蒋心有余悸，忙问张学良，"汉卿，这是怎么回事？我答应过你们的事一定办到。"

张学良解释说："这是民众欢迎傅作义将军来西安，现在是谁抗日群众就欢迎谁。"

蒋无语，宋美龄亦显得很尴尬。

临上飞机前，蒋介石回京在即，立即显得精神抖擞，一改往日在西安的表情，恢复昔日神态，对张、杨说："你们放心，我以领袖人格担保，我答应的事一定办到，我有错误，我承认，你们有错误，你也应该承认，今天以前发生内战，你们负责，今天以后发生内战，我负责。回南京后，我答应的事就可以一一实现，不然，我也不能成其为国家和民族之领袖。"

张学良待蒋说完，将"手谕"交给杨虎城，二人握手道别，张学良登上飞机，与蒋一起飞往洛阳。飞机刚刚起飞，接到消息的周恩来也来到机场，可惜晚到了一步，望着东去的飞机，周恩来感慨而有预见地说："汉卿此去恐怕要都门负荆。"其实，周恩来很清楚蒋的为人，他连老资格的胡汉民都敢私自扣留，难保张学良不被拘禁，而最好的口实就是要张学良自己承认"错误"。所以周恩来在张学良准备亲自送蒋回京时就反对，看来只得靠宋子文这样的"保人"了，希望虽然有，但周恩来的担心与预见恰恰被严酷的现实证明了。

在蒋一行人到达洛阳的当天，蒋即命令张学良放掉了扣留在西安的军政大员。回到南京后，蒋闭口不谈张学良回西安之事。几天后，作为"保人"的宋子文和端纳相约来到蒋介石住处，宋子文开口便提释放张学良之事。

"委员长，事情已经过去，汉卿可以回西安了吧。"

"我说过的一定办到，汉卿刚来南京，先休息几天再回去也可以嘛，现在西安方面还扣留着中央的飞机，你想办法劝汉卿先放回来，抗战还得用这批飞机。另外，许多人现在都指责他，他不能不有所认识吧。尤其是何应钦那些人，叫得很凶，我不好说什么，汉卿有了认识，我才可以说话嘛。"

宋子文相信了蒋的话，回到宋公馆，宋把蒋的话传给了张学良，并很乐观地说：

"汉卿，写个认识交给委员长，趁这几天休息一下，事情很快就会过去的。"

对蒋没有深刻认识的张学良按照宋的转告给蒋介石写了一封请罪的信，由宋子文转交给蒋介石，没想到蒋立即把张学良的"请罪信"转呈于国民党中政会和国民政府，称张学良"已亲来都门，来身请罪……有尊重国法，悔悟自投之表示……应如何斟酌情事，依法办理，并特予宽大以励自新之处，伏候钧裁。"

就在12月29日，阎宝航衔宋子文与宋美龄之命，由南京飞往西安。阎向东北军及杨虎城传达了宋子文的话，并特别强调了宋所说的"张副司令几天内就回去"的承诺，杨虎城很快便将战斗机放回南京。

同是这一天，国民党中常会通过将张学良"交军事委员会依法办理"的决议。并内定组织高等军法会审，由李烈钧任审判长。

宋子文在得到消息后，十分着急，因为开庭一审，很可能会将张学良治罪。于是，宋子文偕端纳再次来到蒋住处，这次是端纳先开口：

"委员长，在西安您可没有说审判之事。"

"是的，但那是在西安，现在很多人都指责汉卿，要求治他的罪，我还是在做工作，我怎么能看着汉卿受牢狱之苦呢。"

说着，蒋拿出一封信，交给宋子文，"审判只是个手续，五天内保证回西安。"

宋子文回到公馆，转达蒋介石的意思，并劝张学良。"汉卿，委员长说了，审判只是个手续，五天左右你就可以回去的。"

然而，事实却是严酷的。

12月31日，军事法庭开庭审理。尽管宋子文曾多次找到审判长李烈钧，向他陈述本案经过并一再流露出"请为张缓颊"的意思，但张学良依旧被判为"有期徒刑十年"。继而，蒋介石又提出"请求特赦"。最后，国民党宣布"张学良所处十年有期徒刑本刑，特予赦免，仍交军事委员会严加管束。"

消息传到宋公馆，端纳与宋子文和张学良相对良久。端纳很悲哀地说："我在中国几十年了，深深地为这个重信厚义的民族所感动，自以为跟汉卿这么多年，跟委员长时间很长，可以做个'保人'，毫无问题之事，可谁知道，谁知道我相信

宋美龄与端纳抵达西安张公馆。

的委员长，人民信赖、拥护的委员长却是个不讲信义的人！"

"绝不能这样！走！端纳先生，咱们俩去找他。"

"子文，"张学良开口了，"你们已经费了不少心，看来委员长是不想放我回西安了，算了吧！"

这时，戴笠领着两个人推门而入。宋子文一愣，问："你们来干什么？"

"宋部长，我们是来请张副司令的，他需要跟我们走一趟。"

"什么？你们敢来宋公馆抓人？滚，给我滚出去！"宋子文显然被激怒了。

"宋部长，请别难为我。"戴笠从衣袋中掏出蒋介石的"手谕"交给了宋子文。宋子文接过来，连看都没看，便撕了个粉碎，扔到地上，指着戴笠的鼻子喊，"你告诉他，甭想在我这里抓走人！"

"子文，"张学良走过来，"不要这样，我跟他们走。"宋子文就眼看着张学良被戴笠带出宋公馆，十分气愤，叫人备车，与端纳来到蒋公馆。

屋里只有宋美龄一人在抽烟，宋子文指着卧室对宋美龄说："小妹，请委员长出来相见。"

"他不在，出去了。"

"去哪儿了？"

宋美龄无奈地摇摇头，"他连个字条都没留下，我也不知道他现在在哪里。"

宋子文五内俱焚，嘴里高喊着"流氓！政治流氓！"摔门而出。

宋子文无法继续在南京住下去了，他悄悄地回到了上海。

没过几天，阎宝航完成使命回到了南京，又转到上海，找到宋子文。

位于浙江奉化溪口的五岭中学，成为接待国民党军政要员的下榻之所。

"宋部长，西安方面强烈要求放回张副司令，他们很气愤。现在事情变了，你们的保证落空了，你们有什么办法呢？"

宋子文沉思了一会儿，对阎说："委员长现在在奉化，你要去奉化和委员长谈一谈。"

说完，宋子文拿起电话与宋美龄通了话，对阎说："蒋夫人也同意你去奉化见委员长。"

"我一个人去能有什么作用呢，你们对此事负有道义责任，不应推卸不管。"

宋子文想推辞，对阎说："请李石老（李石曾）陪你去好了。"说完便打电话约李石曾来。

李石曾了解此行的任务后，表示同意，但坚持要宋子文同行，宋只得答应。

在此期间，中共派潘汉年为代表赴上海与宋子文商议，要求宋实践在西安的"诺言"。

宋子文一行乘专机来到奉化，被安排住在武陵中学，一住便是几日。

一天中午吃饭时，宋子文忽然对阎宝航说："阎先生，你同李石老先在这儿，我回上海去，有必要时我再来。"

"这是怎么回事？还没见过委员长，你怎么就回去。"阎宝航迷惑不解。

李石曾给阎宝航递了个眼色，"让他回去罢。"

宋子文走后，李石曾解开谜团，"刚才蒋公馆打来电话，委员长不见他。"

过了几天，蒋介石虽然接见了李石曾和阎宝航，但在假意表示愿意和平解决西安事变善后问题的同时，却提出要接张学良到奉化。很快，张学良便被迁往奉化雪窦山。

宋子文终于明白了蒋介石对张学良"严加管束"的真实意图。逐渐对如何使张学良得到释放失去了信心，开始不再关心了。宋在回到上海后不久，曾经很沮丧地对杨虎城驻上海的代表李志刚说："目前情况汉卿更不能回去了，许多人都要质问他，我问过委员长，这个要求是办不到的。"当李志刚对宋子文说蒋并未对他提及由宋子文改组政府时，宋子文显得更加沮丧，无奈地离开了代表处。

事实并未结束，蒋休假完毕后，便开始着手处理杨虎城，因为蒋是不能允许有人对他如此而不受到惩罚的。而宋子文再次成了"帮凶"。

1937年3月，宋子文来到南京，对李志刚说："委员长病已经好了，腰也不怎么疼了，他希望能与杨将军见见面，谈一谈。但委员长的意思是希望杨将军主动去看看他，不要提是委员长要见，这样见面，最能恢复感情。"

李志刚将这番话转达给杨虎城。杨听完后并未理睬。后来，蒋又授意顾祝同说出同样的话，杨虎城才意识到这是"命令"。

3月中旬，杨虎城将军赴杭州会见蒋介石，宋子文也参加了这次会见。

蒋介石首先意在麻痹杨虎城，自我吹嘘了一番，"我向来对人是宽大的，不记旧怨，以往对人，你们是知道的，不必多说。"

杨虎城并不相信蒋的话，知道蒋素来爱当面一套背后一套。但碍于情面，不好当面质问，很婉转地说："委员长对人宽厚，我等皆知，这次来杭，也想和委员长当面谈谈，另外，抽空去看看汉卿。"

杨虎城间接提出不满，蒋介石不好作答，他看了看宋子文。宋知道该自己说话了，"汉卿现在很好，委员长希望他休息一段时间，潜心研究些学问，相信时间不会太长，汉卿就可以回西安，西北的军政还得由你们来主持才行。"

杨虎城（右二）在杭州

"是的，"蒋很快地说。然后，他岔开话题，"在事变被扣的各级人员中，很多是对你有不满情绪的，尽管我做了工作，但他们还是一时转不过来的，你继续任职，在情感上有些不便，不如先到欧美参观一段时间，回来再任职，出国的费用可以由公家负担，启行的时间也不必规定，可以从容准备……"

这是蒋、宋二人会见杨虎城的真实目的。很明显，蒋是企图逼杨"出国考察"，达到解除杨对东北军和十七路军的控制。

杨虎城岂能不知蒋的险恶用心，但他只有当面答应"出国考察"。

杨回到西安后，并不准备出国，在杨看来，抗

杨虎城（左一）1937年7月被迫辞职，与家人远赴美国"考察"。

日战争即将全面爆发，一旦战事起，他就不必出国而直接可以在国内参加抗战了。

为了敦促杨虎城出国，蒋授意宋子文多次劝其尽快成行。宋对李志刚说："这是维持纪律最轻的处分，是经过研究决定的，对杨将军有益，你应该多加解释，否则，委员长面子上也过不去……"

在蒋介石和宋子文的一再催促下，杨虎城不得不离开西安，住到上海西爱咸思路宋公馆等待出国，但实际杨虎城还是没加准备，以称病为由，拖延时间。

宋子文再次找到李志刚，对他说："委员长在催促杨将军尽早动身，委员长压力很大，那些人天天要求委员长对杨将军处分，你也得催催。"

"可杨将军病还没好，不能立即动身。"

多次的拖延、推辞也没有使蒋放弃逼杨出国的决心，在蒋宋再三催促下，杨虎城无奈地于6月29日由上海乘美国"胡佛总统"号客轮东渡，离开祖国。宋子文没有料到，杨虎城更没想到，此后便失去了人身自由，直至1949年9月6日被害于重庆中美合作所的松林坡。

至此，西安事变告一段落。宋子文虽然在西安事变中以"和平使者"的

身份斡旋于三方之间，促成西安事变的和平解决，但在善后问题上，向来爱耍政治手腕和做表面文章的蒋介石，通过郎舅把流氓手段表演得淋漓尽致，宋子文最起码在客观上成了蒋介石的"帮凶"，使西安事变的善后解决令人感到痛心、愤怒。（宋子文在此中扮演了并不光彩的角色）本意乎？无奈乎？恐怕只有宋子文心中清楚。

第三章　抗日谈蒋宋

一、回到中枢，从"驻美代表"到外交部部长，宋力争外援

西安事变和平解决后，中共积极主张建立抗日民族统一战线。为此，周恩来曾于1937年3月下旬赴沪与宋子文会晤，向他陈述中共对于国共谈判的各项条件，宋将此事转告蒋介石，并安排了蒋、周于6月在庐山相见。

国共谈判代表在八路军驻西安联络处合影。
左起依次为：叶剑英、张冲、周恩来。

6月8日至15日，周恩来与蒋介石举行会谈，宋了文、宋美龄和张冲参加。周恩来提出了中共中央《关于御侮救亡、复兴中国的民族统一纲领（草案）》，而蒋介石却提出建立一个所谓"国民革命同盟会"的方案，意图用该会的名义从组织上溶化中国共产党。此外，蒋在红军改编问题上，拒绝给红军统帅机关以军事名义；对边区政府的人事安排也提出了不合理的要求，蒋还授意宋子文对周恩来声明：（1）中共目前不要太大、易引起外方恐惧；（2）共产党不要使蒋太为难，以便将来发展；（3）共产党要取得全国信用。周恩来正告宋子文，中共不会同意蒋的这些条件，红军以政治名义管辖不妥，统帅机关一定要给予军事名义。宋子文在周蒋之间反复磋商，但最终还是没有解决。

在此后谈陕甘宁边区名义时，周恩来提出国民党应迅速发表承认边区政府名义，并从张继、于右任、宋子文三人中择一而担任正职，由林伯渠任副职。当宋美龄拿着中共的方案给蒋阅视时，在一旁的康泽开口说："委员长，这三个人都不宜在边区政府中任正职。"

"说说理由。"蒋很感兴趣，"张继先生对党国虽然很忠诚，但很感情

于右任早年创立的《民立报》

用事；于佑任先生也是一样，如果中共对他们好了，他们很可能会跟着共产党走的。至于宋子文先生，我对他不很了解，但据我观察，好像更感情用事，如果择其一的话，恐怕日后很难办呀。"

蒋很赞赏康泽的分析，"说得很有道理，我也感觉这几个人去任职是不合适的，我正在想是否让丁淮芬出任好一些。"

显然，蒋介石此时对郎舅宋子文并不放心，认为他有倾向中共的嫌疑。所以，在此后的中共谈判中，蒋没有让宋发挥更大的作用。但蒋对宋的理财专长向来是器重的，特别是在七七事变后，随着"八·一三"淞沪抗战全面爆发，国民政府军

解放战争中被俘的康泽于 1963 年春被特赦。

政开支骤增，孔祥熙访欧洲诸国未归，蒋便请宋子文出来主持抗战救国公债的劝募工作。

1937 年 7 月 7 日日军炮轰卢沟桥畔的宛平城，抗战全面爆发

国难当头，宋子文决定应蒋邀出来主持，他首先决定成立一个全国性的劝募机构，并得到了宋庆龄的支持。1937 年 8 月 24 日，救国公债劝募总会正式成立，宋子文任会长，政界和金融、实业界名人宋庆龄、孙科、顾维钧、宋汉章、徐新云等任常务委员，并在各省市设立分会。为阐释购买意义，总会于 9 月发表了《告全国同胞书》，随后，宋子文多次在公开场合发表正式谈话，说明发行救国公债"旨在唤起民众之同情，亦正用以予各人报国之机会……凡无强固政府之国家，其人民之生命财产与自由，则绝对无保障可言，今我同胞认购救国公债，即在共同建立强固国家之基础，绝不致受人击致屈膝。"

1937 年 8 月 13 日，日军炮轰上海，闸北一带火光冲天。

作为会长的宋子文，在发行公债之初，便认购了 5 万元，相当于发行份额的万分之一，此外，宋子文还率先令自己控制的金融机构认购巨额公债，引得其他机构竞相购买。从 9 月到 10 月，短短一个月时间便认购了 2.4 亿元。

虽然宋子文做了一系列卓有成效的工作，但他并未重新进入中枢，1938 年武汉沦陷后，宋子文迁往香港，受蒋之托，与英国方面商洽借款问题，英驻华大使卡尔对宋子文的才干很赏识，对蒋介石让宋子文处于"半在野"状态感到莫名其妙，在他看来宋子文应该回到中枢。

1938 年 4 月，卡尔会见蒋介石，在谈到对华贷款问题时，卡尔对蒋介石说："将军，我们的想法是请宋子文先生取代孔祥熙部长出任财长，这样更有利于我们之间的合作。"

"大使先生，在这点上我是不会变的，我现在还无法同他（宋子文）合作，如果我不允许宋子文取代孔财长就意味着得不到外国援助的话，那我只好接受这一事实，但中国在没有这种援助的情况下仍将继续抗战。"卡尔虽然没有实现目的，但仍未放弃努力，在 7 月同蒋的一次会谈中，卡尔再次提出建议：

宋子文、宋庆龄、孙科（前排自左起：左三、左四、左五）1937 年 10 月在汉口。

"我们经过充分考虑，想请张学良将军复出，把孙夫人（宋庆龄）和宋子文先生召到汉口，向外界显示牢固的对日阵线；孙夫人应该进入政府工作，孔先生可以继续担任行政院长，但不宜再兼任财长，应由宋先生来管理财政，罗杰斯可以帮助他，这样才有可能获得英国的借款。"

蒋介石向来不允许别人对他指指点点，何况，让张学良复出肯定是宋子文吹的风，这样就更不能让蒋点头，所以蒋自然又很坚决地拒绝了卡尔的建议。虽然蒋介石拒绝了卡尔的建议，但宋子文依然为争取英方贷款而努力工作，并于 1939 年 3 月同英达成了中英平准基金借款协定草案，尽管中方由此获得的外汇额并不大，但对稳定法币汇价很有益。

在此期间，宋子文虽然仕途不得意，但他参加了由宋庆龄发起组织的保卫中国同盟，并担任会长。与宋庆龄一起为争取广泛国际援助支持抗日战争而奔走，并与宋庆龄一起多次联名发表重要文件，为拯救祖国而奋斗，一时成为中外人士的热门话题。

遗憾的是，宋氏姐弟的这次合作后来又发生了分裂。1941 年初，皖南

《良友》画报对新四军的报道

事变发生后，宋庆龄领导的保卫中国同盟机关刊物《新闻通讯》曾连续发表文章，揭露顽固派破坏统一战线的罪恶行径，并刊登了一些美国知名人士给蒋介石的信与电文，要求蒋停止内部自相残杀。当时在美的宋子文认为保卫中国同盟陷入国内党派纷争，于1941年5月通电宣布退出同盟。姐弟在国内敏感的政治问题上始终未取得一致，而宋子文退出同盟说明他还是站在一党大国的立场，还是支持蒋介石的政策的。

前面说过，宋子文在香港度过了两年半的"半在野"生活，但随着形势的变化，在美谋求援助的陈光甫的工作成效令蒋很不满意。欧洲战局的发展，使得美国成为能够援助中国的最主要国家。所以，当罗斯福通过驻美大使胡适电告蒋介石将向中国提供更多的援助时，蒋立即向美方提出，将派宋子文作为他的私人代表，专门接洽援华事宜。虽然蒋的私人代表并非什么正式官衔，但宋子文还是十分乐意接受，在美方未予答复前，便匆匆启程赴美。

美国方面一直认为宋子文是国民党政权中一位有远大前景的人物，但对宋是否有坚持抗日的决心还不摸底。宋子文则为争取更多、更稳定的美援而游说于美国政府的主要领导人与其他一些高级官员之间，表示中国抗战的决心，并说明目前抗战遇到的重大困难，希望美国能够给予积极的援助。

虽然宋子文极其努力地工作，但收效甚微，获得大笔借款的前景十分暗淡。美国的注意力在英国及欧洲大陆，而且时值大选临近，各部门缺乏联络，许多官员都不在华盛顿，所以在最初的几个月里宋子文毫无收获。精明的宋子文并没有放弃努力，为了打开局面，他在美国开始广泛接触那些能够直接或间接影响白宫、国务院或财政部的人，从而建立起一个很广的"关系网"，这个关系网开始慢慢发挥作用，他们为宋子文的要求四处游说广为活动，以至于美国当时的"第二号人物"财政部部长摩根索无可奈何地抱怨说，他已经搞不清这些人是为宋子文还是为罗斯福而工作。

由于宋子文的极力争取，很快于11月与美国达成了第一笔2500万美元的钨砂借款。尽管宋子文对借款额太少而感到不满，但这次美国提供的现款，对国民政府是极需要的。

当月，日本承认了汪伪政府，使重庆国民党当局面临严重的军事与政治压力，蒋介石急电宋子文，要求宋借2亿至3亿美元。宋子文当即找到摩根索，讲明蒋的要求，但宋子文显然觉得此事不能一蹴而就，便要求可先给予1亿美元，并要求美方立即宣布。宋的要求得到了国务院的普遍支持，在未正式宣布前两个小时，摩根索找到宋子文，对他说："这个款项数额很大，关于它的形式及善后还没有商讨，是否可以稍缓数日再公布。"

汪伪政权建立时的汪精卫和褚民谊在交谈（1940年3月30日）。

摩根索的用意很明显，要求宋子文拿出借款条件，但此时局势危机，宋既耐心又很急地对摩根索说："我国的经济状况本已衰竭，加之日本现在已承认了汪伪政府，如果没有大笔的借款难以挽回危局，您应该能想到重庆政府承受多大的压力，随时有垮台的危险，如果这样那将意味着日本将占领整个中国。"

最后，美国同意借款，分两次付给，由宋子文设在纽约的环球贸易公司出面购买军用物资，经国际补给线运抵中国。

在美宣布贷款1亿美元的同时，英国政府也宣布对华贷款1000万英镑，蒋介石闻讯很不满，要宋子文从美国前往英国力争贷款2000万英镑，宋子文没有听从蒋的话，回电拒绝到英，理由是贷款 1 亿美元虽已发表，但手续还很复杂，而且在美的门路刚刚打开，如果离开，很难再得到更多的美援。蒋介石虽再次催促，但宋子文坚持在美，蒋鞭长莫及，英国借款洽谈月余毫无进展。最后中国只得到 1000 万英镑。

可以看出，在对外借款问题上，尽管蒋宋一致，但宋子文有很大的独立性，能够坚持己见和可以坚持己见，多少反映了二人之间的微妙关系。

宋子文真正在争取美援方面有重大进展是 1941 年 4 月达成的中美、中英平准基金协定。

自 5000 万元借款（1 亿元贷款的一半）付诸实施后，宋子文便积极主张设立中美平准基金，在谈判中，宋子文提出：国民政府将另组一个"直隶委员长"的外汇机构。宋子文的用意在于把外汇控制权从孔祥熙手中夺去，孔祥熙极力反对，在给宋子文的电文中指出："外汇关系财政金融，应与财政部及银行密切联系，方可收臂之效……但必如弟电，将外汇机关直隶委员长，不特系统不明，且脱离财政金融机关，似于币信不无影响，仍应保持现行系统。"后来，孔又多次以蒋介石的名义来压宋子文，但宋不买账，而且蒋装作不知，宋便以"赶办条约，其余从长计议"为由而按自己的意图签字。中美平准基金签署前后，在对待 5000 万美元每月拨付限额上，摩根索提出每月付 500 万美元，以确实能够应付 10 个月的需要，宋子文坚决不同意，双方争持不下，参与谈判的驻美大使胡适想同意摩根索的要求，但宋子文坚持不同意。在宋给蒋的密电中，宋建议蒋坚持一次拨足，摩根索将不得不接受。蒋对此建议听从，来电后，摩根索果然没有再坚持，答应一次拨给。

在与美国谈判平准基金的同时，宋子文也与英方谈判平准基金，并于 1941 年 4 月 1 日签署了协定。同日，中美、中英平准基金协定签署，这个协定，使中国国内和世界舆论界都感到美英将全力支持国民政府，最少也是这种印象；同时，也使中国在不需付出担保的情况下，获得了可以稳定币制的大量外汇。协定签字后，蒋基于上述原因，给宋子文去电，"祝谢苦劳与成功"。

中美、中英平准基金协定既有支持抗战，扶植以蒋介石为代表的国民党政权的作用，但也有其弊端：按照协定，将意味着英、美两国将直接掌握中国的财政金融情况，国民政府在财政金融方针上将失去独立性。尤其从协定的有关条款看，中国承担了很多单方面的任务，实际处于很不平等的地位，而且在使用基金方面还受到种种限制。孔祥熙和蒋介石对此很有意见，认为这种单方面承担义务的协定对中国很不公平。而宋子文却认为只要能获得更多的借款，尽早结束抗日战争，可以在其他问题上做些让步，因而宋不顾重庆方面的不满而在协定上签字。

宋子文的举动引起重庆方面的指责，在1941年3月召开的国民参政会二届一次会议及国民党五届八中全会期间，很多政府要员对宋的行动提出质疑，在协议签字后，孔祥熙表示了极大不满，他称："协定文字的严厉，某些条款的苛刻，就像出于华盛顿的典当专家和高利贷者之手，本人和蒋委员长都为宋子文在这样一份协定上签字而惊讶。"

蒋在这个问题上站在孔一面，他与孔多次向美方透露出不满情绪，称协定条款是单方面的，简直是一份殖民协定，在蒋、孔的授意下，国民政府要求尽早结束协定时间。于是，中美、中英平准基金规定于1944年结束。

蒋、宋二人意见冲突，但宋没有公开反对蒋而只是对孔祥熙表示了不满——这也意味着蒋、宋之间尚存在分歧，因为蒋、孔此时的意见是一致的，平准基金协会成立后，孔祥熙指派宋子文与陈光甫等三人为中国方面的会员，被宋子文拒绝，孔只得以贝祖诒代之，宋子文在给蒋介石的电文中也露出对孔的不满，"平衡基金借款，本日下午与英、美签约，均系一次拨款，无分月拨款条件。

日军占领香港

文奉命来美，经十月之若干，赖钧座督促，于今得告一段落。关于平衡基金事，闻有人于八中全会及参政会向各委员对文相施攻讦，幸钧座明察，勿以为罪。本日起对维持币制问题，悉听财政部措置，文未便再参末议矣。"

在宋子文到美的当年底，12月7日，日本军突然袭击在珍珠港的美国海军基地，同时向菲律宾等西太平洋的英殖民地及荷兰殖民地发动军事进攻，新形势的变化，使宋子文在当时中国外交中充当了更为重要的角色。第二日，蒋向宋子文发电时，指示宋向美国政府提出：在美国对日宣战时，中国也将正式对日本宣战，同时也对德、意宣战。这样，中国继美英之后也正式对日宣战。

当晚，宋子文会晤美陆军部长史汀生、海军部长诺克斯，对美军在珍珠港被袭表示同情，同时也提出了中方的想法。宋子文说："我国已经对香港紧急援助，一旦远东联合作战计划最后确定，中国将进攻在印度支那的日军，蒋委员长建议当前应迅速成立以美国为领导的联合军事指挥部，否则各国将面临被各个击破的危险。"

二人对中方的建议表示赞同，意向已经达成。第二天，蒋再致电宋子文，要其转告美国当局，提议中、英、美、荷四国制订联合作战计划，成立指挥部或军事委员会，地点在重庆，由美国领导，四国成立军事同盟，不单独媾和，并请苏联随时加入。

宋子文立即拜访摩根索，对之提出中方想法，并将蒋介石的电文抄件递给摩根索，对之说："希望您和总统先生能深入研究蒋委员长的建议，如果联合委员会成立，希望您也是其中的成员之一。"

摩根索对宋子文笑着说，"我不是军人，对于军事是不懂的，不过，我看蒋将军的建议很好，符合我们的共同利益。"经过宋子文的从中斡旋，罗斯福于12月16日致电蒋介石，同意蒋的提议，委托蒋在重庆召开美、英、中、苏、荷五国军事会议，负责交换情报，并讨论东西战区的陆海军事行动。罗斯福还提议发动成立一个永久性机构。

蒋介石接到罗斯福的电文兴奋异常，对他来说，这意味着中国将与英、美、苏等大国并肩作战，他蒋介石可以与罗斯福、丘吉尔、斯大林平起平坐，他可以获得更加充足的外援，更深层的是，他蒋介石在有美国做靠山后，可以在抗战胜利后，利用军事优势消灭中共，这是他的一贯原则，也是其内政方针。

由于宋子文卓有成效的工作，其地位越来越重要，是无法替代的，为此，蒋决定使宋子文重回中枢。12月23日，国民党五届九中全会在蒋的授意下，通过决议：原外交部部长郭泰祺调任国防最高委员会外交专门委员会主任委员，任命宋子文担任国民政府外交部长。

在宋子文就任外交部长之后不久，国民政府批准了胡适的辞呈，任命魏道明为驻美大使，这看似正常的人事调动，其中多少有些奥妙。

胡适是文人，在哲学领域享有盛名，因为他在美国时间很长，学术上很有地位，因而颇受一些美国人的赏识。胡适为人很高傲，而且敢说敢讲，不计后果。他很瞧不起宋子文，二人势同水火。早在1939年宋子文再度负责财贸工作之前，胡适便给蒋介石发电，不同意宋子文被重新起用，更反对宋到美。

蒋介石没有听胡适的"坦诚相告"，而是派宋为其全权代表赴美，在政治上没有经验的胡适并没有认清形势，依旧我行我素，在宋子文赴美期间多次令大使馆拖延为宋办一些手续，这一次使二人本来固有的矛盾激化。宋到美后，无视胡适的职权范围，大搞幕后交易。

不仅如此，宋子文还有意刁难胡适。宋到美后，打电话给胡适称，"余

20世纪50年代末期，胡适与陈诚在台湾。

今有要事与兄相商，今晚拟去访兄，请兄在大使馆相候。"但当晚宋子文却没有去，让胡大使空等半夜，第二日，宋子文仍然如出一辙般戏弄了胡大使一番，然后才在第三天早晨去胡宅。在中美借款协议签字前，宋子文怕胡适邀功，示意胡离去，胡大使当着罗斯福面不好发作，怏怏而归，直到协议公布后，胡大使才恍然大悟。

日本偷袭珍珠港后，宋子文得知胡适对美记者说并不知道此事，跑到大使馆当面斥责胡，胡适一气之下向蒋发报提出辞职，蒋介石回电加以慰留，胡派秘书把蒋的慰留电给宋子文看，宋虽不以为然，但从这以后便没有了公开冲突。

虽然公开的冲突没有了，但宋子文却没有停止倒胡的行动。在国外，宋子文继续肩扛"委员长特使"令旗处处压制胡适，而且宋还联络孔祥熙倒胡，孔祥熙在国内大造舆论，多次发表谈话公开贬低胡适的外交才能，认为他不如前任大使王正廷能干。孔祥熙这样卖力倒胡，也是因为胡与之早有矛盾，一向爱说长道短的胡先生曾多次表示孔是庸才。

其实宋子文急于倒胡的最重要原因是胡适已发现了宋子文利用职权侵吞贷款与租借物资，虽然胡适没有公之于众，但已对宋营私舞弊的行为表示不满，有胡适在，不仅使宋子文的行动多了一道障碍，而且又有了被揭底的后顾之忧。当时，美国联邦调查局对宋子文的秘密调查报告中指出，所谓"一艘装载由租借法案提供的60辆坦克和其价值昂贵的战争物资的货船沉没了"的说法，纯属谎言，而事实却是"该船从未装坦克离开西海岸；也从来没有制造过这些坦克……"

这一秘密报告转到重庆中枢，如果事态扩大，胡大使一揭底，首当其冲的就是宋子文。这也使蒋感到不安，一旦丑闻暴露，势必影响国民政府的声誉及蒋的威信，美国方面有什么反响是可想而知的。于是，在宋子文的一再催促下，蒋介石同意了胡适的辞职，丢卒保车，至于舆论如何猜测，则顾不了那么多了。

在此期间，美国援华的五亿美元借款也开始源源不断地拨给重庆。

在宋子文就任外交部部长几天后，蒋介石即致电宋子文，嘱其向美接洽借款五亿美元。为打消宋子文的顾虑，蒋还在电文中声明孔祥熙病重财政由其亲理。

蒋介石急于要宋子文向美借款，是有苦衷的，四年抗战，国民政府财政长年巨额赤字，只能靠发行纸币来维持，而要维持法币信誉，必须靠外币支持。宋子文起初建议蒋与贝祖诒研究一借款方案，后经美国朋友点拨，改为向美财政部阐明经济与军事配合的重要性，并声明五亿美元对中国战场的重要性。美国方面很快做出反应，罗斯福支持贷款给中国，并委托摩根索与宋子文协商。

摩根索在谈判之初就建议将贷款方式定为美国直接向中国军队提供军饷，他的理由是：中国没有拿出借款具体方案，而且滇缅交通困难，物资难以输入。摩还提出按月直接拨给中国士兵，这样可以使国会通过。

其实摩根索的真实意图是企图以此来逐步控制中国军队，这一点与罗斯福相同。宋子文并未看透其深层用心，他的想法是：如果英国也效仿美国，那么中国每月可获 2000 万美元军费，那将意味着从整体上解决军费严重不足的状况，所以在摩根索提出上述方案后，毫无带兵经验未能洞察美国意图的宋子文异常兴奋，立即与美方讨价还价，最后按宋的要求。美担负中国军队 300 万人的费用，每月 3000 万美元。

宋子文虽然为自己能够在讨价还价上得胜兴奋不已，但还没有忘记电告重庆。蒋介石久带军队，对美国人的用意洞若观火，当即回电宋子文不能接受，并指出建议中的"诸弊端"，一是按这个方案势必将中国军队与国家政府及社会经济形成对立或脱离关系，二是军事与经济不能分离，经济强，军队自然有战斗力。很显然蒋对于前者更为关心，如果军队因此而脱离蒋委员长控制，那是万万不能接受的。所以蒋要求宋子文向美提出，借款不能有任何附加条件及事先讨论用途与方法，否则是表示对我方的不信任。

宋子文在收到蒋的电文后才如梦初醒，明白了美方的用意，对其粗暴性和政治含义很恼怒，但宋子文还是很客气地托前驻华技术顾问拉西曼向美财政部"非正式"提出：出于误解，美国的建议未被中方接受；中国方面认为这将使借款附带很多条件，蒋委员长要求的是不带任何附加条件的借款。

1 月 21 日，宋子文致函摩根索，代表蒋介石正式拒绝了美方的建议。但摩根索坚持己见，宋子文便提出等平准基金会美方代表福克斯从重庆返美后再进一步讨论。

美国务院一些人早先就对摩根索的提案有异议，主张应从中国对日作战的重要性着眼，尽快贷款给中国。政治事务顾问贺百克曾向赫尔指出：目前应该把中国尽可能地系缚于我们的战争中（这也是中国的战争），这样所涉及的贷款与我们的军备相比，只是一个小数目。如果中国很快投降日本，美国将在太平洋地区失去一个强大的盟国。

美国务院的积极态度有利于宋子文的交涉，但摩根索不甘心放弃自己的想法，抛出了一个变通方案：如果摩根索的方案在福克斯返美后不能通过，美国可以买下中国的货币，再用这些货币支付中国军队，美愿每月支付2500万美元。这个建议是摩根索以罗斯福的名义通知宋子文的，其意显然是在有意压宋让步。

摩根索以为宋子文肯定无计可施了，他很得意地给陆军部长史汀生打电话说："我刚刚会见过宋外长，把我的建议告诉了他，但我同时告诉他这个建议是经过总统先生同意的，他也认为这是可行的，他表示同意啦……"

"先生，我要提醒您——"史汀生对东方的了解显然要比摩根索多，"不要轻信宋子文，东方人往往当面对你说'是'，但却绕着弯子回答你说'不'，要知道，他们是不会轻易放弃自己的主张的。"

事态的发展证明史汀生的提醒并非多虑，虽然摩根索以罗斯福的名义来压宋屈服，但宋却通过国务院的安排与罗斯福会晤，当面陈述五亿美元借款的重要性、紧迫性，并强调不能有任何附加条件。当罗斯福同意后，宋子文又进一步提出要罗斯福使国会尽快通过对华贷款，罗斯福同意。宋子文在交涉过程中，取得了初步成效。

2月2日，宋子文将拟定的借款草案，交与摩根索，称此草案蒋尚未审阅，草案内容如下："中国接受此项财政援助，其条件及条款，应经美国总统核准，财政部长认为满意。"

在战后，将由美国总统来决定对此财政援助进行整理的详细条款。届时，将根据1942年1月2日公布的联合国家共同宣言，将其视作同盟国之间的协调事项，该宣言规定各国政府用其全部军事或经济的资源，反对与同盟交战的轴心国成员及其仆从国。

"中国同意遵守总统根据以上原则所确定的条款。"应该说，这份草案，对国民政府在借款的用途方面来作具体限定；对偿还方面，则援引《联合国家共同宣言》的有关内容，为有利于中方的解决埋下伏笔，很显然，宋子文吸取了在平准基金协定中的教训，避免美国借此再控制中国金融。但摩根索还是步步紧逼，他对宋子文说：

"那么中国政府将如何使用这笔款项呢？"

"我国政府没有具体告诉我如何使用。"

"您不知道吗？"

"是的，我不知道。"

"那么，您能去电询问一下吗？"

"回答很可能是原则性和含糊的，我的想象是，政府很可能会这样答复：中国需要这笔款子维持币制，应付支出，至于使用方式，中国希望以尽可能灵活的方式，自由支配……事实上我一直要求他们提供十分具体的方案。"

"您已经这样要求了？"摩根索将信将疑。

"是的，我要求过，但在此之前，他们是这样答复的，大意如此。"

"那么，既然您已经知道贷款指日可待，您能否再次询问呢？"

"我当然可以再问，如果您希望，我很乐意马上拍电报，但我不知道他们会不会给我更具体的答复。"

摩根索摆摆手，表示不需要宋马上发报，但他仍未放弃努力，"您知道，福克斯先生没回来，所以我不清楚他带来了一封什么样的信，至少他们能告诉我重庆方面向福克斯说了些什么，这对您也许也很重要。"

"是的，那当然。"

"好吧，我不打算在这个问题上再多说什么，但我对您的要求是：为了使贷款顺利通过，您要尽一切可能帮我做证，我最担心的莫过于明天去参议院。"摩根索想利用参议院这关来压宋。

但宋子文坚持蒋的原则，没有丝毫让步，"对于参议院的询问，我想，我国政府的答复不会是一项允诺，也就是说，他们不会限制自己将若干万元用于此种目的或别种目的。"摩根索无可奈何，"您知道，这全是为了你们，全部目的都是使蒋介石将军高兴，我们希望使他感到高兴。现在，我不会把此事弄到使他感到不快的地步：但他把真实想法全部告诉我，将给我很大帮助，这就是我的要求……"

"据我估计，在此事上，委员长与福克斯先生的讨论也将是原则性的，我将给他去电报询问，有消息即转告阁下。"

摩根索的步步紧逼，在宋子文婉转而坚决的答复下无法奏效。为了使摩根索进一步放弃想法，在去电征询蒋意图后，宋子文对摩根索假称目前蒋已离华赴印度和缅甸，只带去了旧密码本，不敢用旧密码本向蒋传递重要事项，对此，摩根索明知是托词，但也无可奈何了。

与此同时，美政府中的一些其他要员，如赫尔、史汀生、诺克斯等从美国利益出发，都催促罗斯福尽快完成对华贷款。2月7日罗斯福在该案上签字，使之具有法律效力，宋子文再次占据上风。

随后，虽然美方在协定条款上规定"中国愿将本约中所列资金之用途，通知美国财政部长，并愿对该项用途随时征询其意见，美国财政部长愿就此项资金之有效运用方面，向中国政府提供技术上及其他适当建议，以期完成本约中所述之目的……"但经宋子文的坚决不让步，终于得以删去此项内容。最后由宋子文在五亿美元借款协议签约的当天致函摩根索，称"关于今日中、美两国政府订立之借款协约，为表现中、美两国协力抗战之精神，鄙人谨奉告阁下，中国政府愿以此项借款之详细用途，不时由财政部长详告贵财长。"

表面看来双方都有让步，但应该看到这样的形式对中方的限

1942年1月，蒋介石出任中国战区盟军最高统帅。

制相应少得多。从协议条文看，未规定中方还款期限，未规定担保，实际上未限制用途，这一切都表明这笔借款对中国的抗战是极有益处的。也可以看出，随着战局的变化，中国的同盟国地位越来越重要。在这件事情上，蒋宋始终是一致的。

宋子文穿梭于美上层之间，纵横捭阖。在国内的蒋介石也不轻松，就在蒋就任中国战区最高统帅不久，重庆迎来了风尘仆仆的史迪威将军——他是作为中国战区最高统帅部总参谋长的身份来华的。但这位倔强而耿直的美国将军却没有与蒋介石"处"好关系，矛盾迭生，于是蒋宋二人联合执导了一部一波三折的倒史剧，在来华两年多后，史迪威怏怏回到了他的故乡。

二、史迪威事件一波三折，宋子文联内拱外

1942年1月初，蒋介石接受中国战区统帅一职，这是由美国总统罗斯福提议的。作为报答，蒋致电在美的宋子文，请求美国政府指定一高级将领担任中国战区统帅的参谋长。电文中，蒋提出了人选的要求：军衔要在中将以上，这是因为当时参谋部的中方代表和苏方代表都是中将和上将；另一条件是，"该人选不必熟悉东方旧情者，只要其有品学及热心也可"。实际上，蒋介石的第二个标准绝非随意提出，但宋子文似乎并未在意后者。

宋子文接电后迅速与美方接洽此事，把蒋的要求转告给美国陆军部次长麦克洛伊。美方对此很重视，陆军部长史汀生和联合参谋部参谋长马歇尔在一起专门研究人选，他们一致认为应选择一名中国问题的专家，以便赴华后对中国军队进行内部改革，从而提高美援效率和中国军队的战斗力。他们选中了史迪威，并将其立即从少将提为中将。同时，二人经商讨，决定赋予史迪威一定的职权。

1月19日，史汀生会见宋子文，通知宋子文美国将派史迪威赴华。并提出，派往中国战区的参谋长，应具有四方面职权：（1）办理所有在中国之美国军贷援华事宜；（2）在蒋介石统辖之下，指挥所有在华之美国军队，及蒋介石自愿交与指挥之某部中国军队；（3）代表美国参加在华之一切国

史迪威将军

际军事会议；（4）维持及管理中国境内滇缅公路运输事宜。史汀生强调说，只有蒋介石答应上述条件，才有可能获得更多的美援，而且史迪威要兼任中国战区参谋长。

蒋介石对美方代表的职权不满，打电报给宋子文，强调说该代表应受中国战区联军参谋长的节制，而联军参谋长须受统帅节制指挥。而且，蒋介石所提的第二条标准也未达到。史迪威不但熟悉东方旧情，而且对中国旧情更是谙熟。他生于 1883 年，1904 年毕业于西点军校，曾担任过美驻华武官等职，四次来华，在华住过 10 年之久，通晓汉语，对中国官场及百姓的生活状况很了解。

显然宋子文没有深刻领会蒋的意图，觉得蒋仍有多虑，在回电中，宋子文认为美军代表既然兼任中国战区参谋长，自然地要受中国战区统帅部节制和蒋的指挥。因此，宋并没有转达蒋要求明确史迪威权限和地位的电文给美方，匆匆地与史汀生交换函件——这等于答应了美方的要求。这样，史迪威来华前，美方宣布了他身兼的六职：美军驻华军事代表，在缅甸的中、英、美军队司令官，对华租借物资管理统制人，滇缅公路监督人，在华美国空军指挥官，中国战区参谋长。细心人可以看出，史迪威六个头衔中，有五个蒋是无权干涉的。

蒋介石本指望通过美国高级官员获得更多的美援，以便日后对付中共，但史迪威的职权使蒋无法如愿，因此迁怒于宋子文交涉不力，当蒋收到美使馆拍来的电报时，蒋介石脸色大变，将电报狠狠地摔到桌子上，对陈布雷说："这都是他办的好事！"

在美的宋子文是听不到老蒋骂他的，宋还很认真地对史迪威个人经历进行了调查，对其十分满意，而且与史迪威做过长时间的交谈，对史迪威的印象颇好，认为史很有才干，系美国陆军部最有能力之指挥官，并向蒋发电，请蒋重用之。然而史迪威对宋子文的印象却不太好，认为宋"不光明正大，而是很滑头"。

然而史迪威于 3 月在重庆谒见蒋介石，向其陈述来华使命时，很可能是有意漏掉了中国战区参谋长一职，只是在蒋介石的一再追问下才做了肯定答复，这使蒋感到极其不快。于是在史迪威

蒋介石、宋美龄与史迪威将军。（摄于重庆）

来华伊始，蒋、史二人便在其身份与地位的问题上有争议，到 1942 年 7 月，终于导致蒋史第一次冲突。

当时，蒋介石要调拨中国航空公司的两架运输机给航空委员会使用，但遭到了美方官员的拒绝，他们的理由是没有得到史迪威的命令。蒋在强制命令调拨没有奏效后，给史迪威去函，要史迪威出面解决。这位耿直的将军给蒋回函中说蒋不能用命令的方式得到这些飞机，而且强调了他自己在华的地位和职权，尤其说明了他自己是美国总统的代表。更令蒋无法容忍的是，史迪威以美国总统代表的身份，同意蒋支配和使用这两架运输机。

蒋介石显然觉得自己受到了侮辱，他对陈布雷说："我不会再见他（史）的，你给子文发报，要他同美国政府研究一下，他的职权到底要大到什么程度？如果这样下去，我们接受租借物资无异于乞怜求施，他拿总统代表挟制我，我是不能接受的。"这只是蒋史矛盾冲突的一方面，更为重要的是蒋史在缅甸作战上意见相左，分歧很大，加深了二人的矛盾。

史迪威来华后，在重庆上清寺设立了中、印、缅美军指挥部。由于太平洋战争的全面爆发，日军加快了侵华的步伐。在占领中国香港、新加坡等地之后，进逼缅甸。如果缅甸被占领，不仅中国的国际补给线被切断，而且日军东可入侵中国大西南，与中国东部日军成合围之势，西可进犯印度，进入中东地区，与德意法西斯会合。所以，在此严峻的情况下，缅甸作战显得尤为重要，与此同时，被困缅甸的英军势单力薄，英政府要求蒋介石出兵缅甸。蒋也认

中国远征军总指挥罗卓英

为缅甸作战至关重要，指派由罗卓英任指挥的远征军10万人赴缅甸。

宋子文出于英军未必能受中国将领指挥，在得知即将入缅作战后，到白宫拜访罗斯福，请求罗斯福向丘吉尔首相转达宜由史迪威统率中英部队，主持联合作战。宋子文对罗斯福说："据敌广播，仰光已被其占领，缅甸之战不得不重拟计划，尤其是中英两军必须统一，才可能获胜，英军在缅只有残余两个师，而我国派到缅甸的远征军有10万人，四倍于英军。我军既受史迪威将军指挥，英军也宜受史迪威将军指挥，这样既合情理，又能统一行动。"

罗斯福虽然也认为宋子文的意见很好，但他对英有顾虑，所以以不便为由加以推诿。

事态的发展证明了宋子文的顾虑并非多余，当史迪威乘飞机飞往缅甸腊成前线时，中国各高级将领对史迪威无权指挥英残军很忧虑，对英军及英政府不满。史迪威便开始做双方工作，注意调节中英双方矛盾，指挥蒋介石拨调给他的第五军、第六军在仁安羌地区解救英军之围，救出了包括英军司令官亚历山大在内的7000余英军及被俘的英军、记者等500余人，并掩护他们撤退到曼德勒。日军被击败南逃，英政府对中国远征军的战绩深表嘉奖，给新三十八师师长孙立人等授勋。史迪威也喜形于色，觉得战争打得很顺利，不顾中国高级将领的反对，命令中国远征军深入缅甸腹地，并置蒋要其缓速进军的建议于不顾。结果英军被解围后，于5月迅速仓皇渡过伊洛瓦底江向印度逃跑——本来英政府要求中国远征军进入缅甸是为掩护英军安全撤退的，并无坚守仰光海口、保护缅滇公路畅通的意图。雪上加霜，日军很快占领腊成，切断了中国远征军的归路，史迪威只好命令中国军队撤向伊洛瓦底江西岸，

124

然后再向印度北部英伐尔撤退，中途，史迪威与中国远征军司令罗卓英两人脱离大军，只身逃往印度，蒋介石得知消息后，为保存远征军实力，命令杜聿明率军向国境撤离。但由于部队所经之处森林蔽日，蚊虫成群，而且人烟稀少，给养奇缺，又正值雨季，道路泥泞，官兵饿死，病死者不计其数。几经波折，虽然一部分远征军撤到印度，一部分撤退到国

1944年，中美军官在印度兰姆伽营地合影。前排左起：美军战车总联络官、中国驻印军副总指挥郑洞国、美籍营地中心训练主任；后排左起：廖耀湘、新二十二师副师长李涛、新一军参谋长舒适存。

境，但原10万人的部队，此时只剩下4万余人。中国远征军也一分为二，改编为驻印远征军和驻滇西远征军。

1944年，中国远征军总司令卫立煌（左一）与云南省主席龙云（前骑马者）检阅部队。

　　远征军在缅甸作战失利与史迪威的指挥不力是有一定关系的，蒋对此十分懊丧。6月18日，蒋给宋子文和熊式辉发电说："……询我对史迪威之感想，

被日军俘虏的英军官兵

业已另复。中国战区至今未有任何组织，亦未筹备进行，甚至于维持中国最少限度与其可能方案，亦未曾着手。至于空军之建立与补充，以及空运按月总量，陆军作战以及反攻时期之整个方案，亦皆视为无足轻重。一若中国战区之成败存亡，与彼无关痛痒。此人（史）不重视组织与具体方案，及整个实施计划，此或因平日未习幕僚长业之故，缅战失败之原因，其咎全在战略失败，而彼乃完全归罪于我高级将领，且谎报罗卓英逃回保山，其实彼自缅甸退却之先……竟自赴印度，并擅令我军入印，事前对我并未有一请示，或直接报告，于情于理，皆出意外。"

可以看出，蒋在电文中对史的组织能力、责任观念、指挥经验等多有责备，但蒋考虑到中、英、美之间的关系，便叮嘱宋子文两人说："我愿保全友邦荣誉处计，不愿多言，此时对马歇尔参谋长不必急于答复，将来彼或亦能了解吾人之苦心也。"

6月初，史迪威带着缅甸失利的沮丧回到了重庆，并于该月三次前往黄山官邸，会晤蒋介石，提出了整顿中国军队计划。

其实这个计划最早是宋子文提出的，称为"三十师训练计划"。计划精选10万中国官兵前往印度训练，将中国租借物资拨充装备，由美军官担任教官，组成两个军，另附加一师及降落伞部队为后备军。

史迪威急于训练部队，加强驻印度军队实力，伺机反攻缅甸，挽回缅甸失败的耻辱，但蒋介石怕史迪威从此控制中国军队，便以"参谋长宜常在左右"为由，不同意史迪威离开重庆，从此二人各抱成见，矛盾加深。

前面我们说过，蒋调拨运输机被美官员拒绝，史迪威在处理此事时，按照西方人的习惯，给蒋送去一份备忘录，陈述其权限与地位。蒋收到备忘录后气恼异常，给宋子文去电说：平时我对史迪威不用中国战区参谋长名义签署文件，并常以罗斯福总统代表的身份自居一事，皆不以为意，毫不与之计较，但这次事情使我再不能不与其政府商讨参谋长地位与权限。

宋子文本来对缅甸作战失利就感到惶恐——因为是他向蒋推荐的史迪威，而且电文中多有夸溢之词，蒋虽未在此事上迁怒于宋，但宋子文却感到不安。于是宋子文在接到蒋上述电报后，极力附和蒋，大骂"史迪威态度殊属离奇，阅其原函，强词夺理，谬解职权，非神经错乱，不能狂妄至此。"回电中，宋子文请示蒋，是留是换，蒋复电指示"暂不表示为宜"，暗示"最好能由其自动召回"。

得到蒋的答复，宋子文立即向美国军方交涉撤换史迪威。但出乎宋子文的意料，美国官员，尤其是军方的答复十分强硬：美国不会召回史迪威，即使换人，他也将负同样的任务，并对根据租借法案向中国提供的援助物资行使同样的控制权。在重庆的美驻华大使高思也强烈要求美政府不理睬蒋介石的威胁。美陆军部还代罗斯福草拟了一份给蒋的电文，大意是支持史迪威。宋子文得知后，认为电文稿伤及了中美之间的关系，并不相信这是出于罗斯福的本意，便于第二天拜访罗斯福，向其陈述中美关系及蒋史二人冲突的经过，希望罗斯福出面干涉，以免伤及两国政府、两国人民感情，罗斯福表示：关于租借物资，宋子文可以与霍浦金斯（总统特别助理）商议，如要召回史迪威，则要同马歇尔和史汀生交换意见。美国陆军部的电文可以取消。

马歇尔与史汀生约宋长谈，强调说，史迪威在美将领中最有能力，他的性格固然古怪，然而中印缅战场情况复杂，没有像他这样的美国将领是难以完成反攻缅甸的任务的。

由于美军方强硬的态度和罗斯福的暗中支持，宋子文这次倒史没有成功，为了不影响美援华抗战的大局，宋子文很快放弃了第一次倒史活动。他在给蒋的回电中，大大冲淡了美军方的强硬态度，说美方表示"美国于练适

127

当之军官甚少，另觅妥员，确有相当困难"。这样，宋子文为了更长远的利益，采取了消弭和缓和分歧的做法，出面打圆场，第一次倒史告终。

然而，矛盾并没有就此而缓和，1943 年 5 月，宋子文与史迪威发生了两次直接争执。事情的起因是史迪威反对蒋介石、宋子文提出的美应重点援助中国空军的方案。

5 月 5 日，宋子文被邀请出席美国参谋长联席会议。会上，宋子文代表中国提出三点意见：（1）本年 6 月、7 月、8 月三个月，中印空运吨位，都拨空军飞机器材；（2）自 9 月份以后，中印空运应以 4800 吨的吨位，拨给空军使用；（3）攻缅计划，应根据卡港会议决议案，派遣英美海陆军攻占仰光，并望能够派遣美三师赴印度参加作战。

宋子文刚刚提完，从重庆赶来的史迪威便开口说："对于第三点，我个

陈纳德将军

人没有异议，但关于前二点，我想发表看法：中国陆军六年来未得到军械物资的补充，万一因增加空军活动而引起日本的反攻，滇桂湘各机场恐怕难以守住，而且，如果这三个月的空运物资都拨给空军使用，现在驻滇桂贵的 32 个陆军师，则会因为装备缺乏而无法实行反攻缅甸计划。"未等史迪威说完，参加会议的陈纳德便开口打断了史迪威，"我认为当前最重要的是保证陪都重庆的安全，这对振奋人心很重要，重庆如果陷落，后果不堪设想。而这一切的前提是增加中国空军的力量，所以我觉得先增加空军的力量是重要的。"

史迪威对陈纳德的话不以为然，在他看来，陈纳德作为美驻华空军指挥官，自然要帮助蒋宋说话，所以，史迪威说道："我已经说过，现在中国陆军的状况令人担忧，地面部队不堪一击，反攻缅甸在即，我还是认为应该先对地面部队补给。"

　　陈纳德似乎还想争辩，但宋子文却先站了起来，对与会者说："各位先生，今天的会议，无异于家人谈家事，陈纳德将军主张先空援，史迪威将军主张先援地面部队，都是为了援助我国战胜日本法西斯，我代表蒋委员长深表谢意。我觉得，盱衡全局，权衡轻重，为了保卫重庆，支持中国各地战场，振奋人心，目前最紧迫的实在是应该加强中国空军的力量。我坚信，如果有空军掩护，中国军队是可以保卫各机场的，史迪威将军对中国陆军的估计多少有些悲观，应该相信他们，况且，三个月后，仍然会按计划接济陆军物资，于史迪威将军的计划也无大碍，中国远征军的战斗力是有目共睹的，史迪威将军所说的不堪一击的部队正是远征军的一部分。更何况，增加空军的力量对陆军也是有益的，二者是有联系的。"在宋子文看来，既然中国方面要求以增加空军所需物资为主，作为"客卿"身份的史迪威不应横加阻挠，因而宋才对史反唇相讥。

　　5月17日，宋子文应邀出席美英联合参谋长会议，罗斯福和丘吉尔及英美各参谋长均出席会议。在会议上，史迪威公开批评蒋介石"诸事犹豫，对于战略无一定见解，中国军队混乱"等。宋子文听后显然感到史迪威的做法很"出格"。为维护蒋的尊严，宋子文立刻站出来反驳："蒋委员长并非初次与外国军事专家合作，前有在张古峰诺门汉击败日敌的加伦将军，曾追随（他）数年之久，创造德国国防部的塞克特，及最近在斯大林格勒击破德军的元帅崔可夫，均曾充任过委员长顾问，（他们）无一不恪遵蒋委员长意旨，如果我们遵从蒋委员长，或许会陷于错误，但错误不在我们，上述各世界名将也均共同犯过这个过失。而且，蒋委员长负中国战区安全的责任，凡是所筹划的，必都是以全局为重。如果我们反对其主张，则应该有负担中国战区安全的能力，而对中国战区而言，蒋委员长的地位是无人能代替的……"

　　显然，宋子文的发言，并不在于评价蒋介石本人，事实上，虽然宋子文对蒋的军事战略能力不尽认同，在宋子文的眼中，蒋绝不是什么完美无缺的军事战略家，但在争取美援的重要关头，在争取中国在同盟国之中的平等地位的原则上，宋子文深知维护蒋威望及声誉的重要性。因此，当作为蒋介石"属下"的史迪威，当着罗斯福和丘吉尔及英美各军界首脑的面，尤其是在宋子文本人也在场的情况下，对蒋"出言不逊"时，宋子文是当然要予以驳斥的。更何况，宋子文的这番话并非只对史迪威，而且其目的还是要使罗斯福坚持援华的决定和兑现。

宋子文与史迪威发生争执不久后，史迪威回到重庆，他依然我行我素，而且继续批评蒋介石政府及军队"腐败、失职、混乱"。

9月，史蒋冲突又起。当时，史迪威曾以参谋长的名义建议蒋介石"转移西北的兵力来阻止日军"，要求蒋把在西北封锁陕甘宁边区的50万大军和共产党的部队调出来，投入到抗日战场，并准备调拨一部分援华物资装备中共的军队，这一建议刺中了蒋的敏感神经，遭到蒋的坚决反对。在给宋子文的电报中，蒋公开要求宋子文与美国政府交涉，撤换史迪威。宋子文得到蒋的电文后，立即着手活动，但宋没有直接进行倒史，而是设想通过改组中国战区的方式解决史迪威撤换问题。9月8日，宋子文以盟军对日军事行动即将在远东进行，须调整中、英、美的军事关系为由拟定了一份"改组中国战区方案"，（这一方案是经蒋同意的）其主要内容是：（一）将中国战区增设副统帅一人，由美国军官担任；参谋长一人，由中国军官担任，增设副参谋长，由美国军官担任；并由中美军官混合担任处长，副处长。（二）中国方面应有代表参加英美联合参谋长会议和军火分配委员会。宋子文的如意算盘是，这样既可提高中国战区的地位，又能无形解决撤换史迪威问题，一箭双雕。

宋子文（前排右2）在孙立人陪同下视察兰姆伽中国驻印远征军。

　　在得到蒋的同意后，宋子文请他的好友霍普金斯把方案转呈罗斯福。在书面说明中，宋子文阐释了撤换史迪威的理由："目下此人（史）系中国战区参谋长，又系中缅印战区美军总司令，兼任中印空运补给司令，又兼蓝伽驻印军统带官，亦参与中国远征军之指挥；更握有美军部授予而未经中国同意之对华物资控制权；以如此错杂之任务，施诸五花八门之区域，将于未来战事深感危险。"

　　罗斯福请宋子文与马歇尔一谈，此时马歇尔已不再坚持史迪威继续在华留任的意见，陆军部长史汀生虽然仍想继续为史迪威留华做努力，但显然已不像以前那样强硬。而且，宋子文从霍普金斯那里得到的印象是：马歇尔对史迪威不像以前那样绝对支持，罗斯福也仍有松动之意。这一切使宋子文认为，撤史即可告成。所以，在 28 日，宋子文在接见美国国务院负责远东事务的官员项白克时，明确表示史迪威必须调往他处。第二天，宋子文向罗斯福辞行时，也明确表示必须撤换史迪威，中国战区必须参加太平洋联合参谋团。罗斯福表示理解和同意，并派蒙巴顿上将和萨姆维尔将军偕同宋子文联袂离美，经印度转回重庆。

　　10 月 1 日，宋子文一行离美，在到达印度时，宋子文向萨姆维尔透露将要撤换史迪威，由他来接替。当时，宋子文在说这番话时，显得信心十足，似乎此事已成定局。然而，宋子文万万没有想到，当宋一行到达重庆时，史迪威的地位发生了戏剧般的变化，撤换之议再度搁浅，宋子文的种种努力顷刻间化为泡影。最令宋子文感到痛心的是，拆台的竟是他的胞姐和胞妹。

　　事情是这样的：当宋子文热火朝天地在美国施展拳脚时，国内已经有人开始盘算宋子文了，而盘算他的恰恰是他的大姐宋蔼龄和小妹宋美龄，她们得知史迪威将要被撤换的消息后，显然是在一起商讨过，而且取得了共识：她们担心的是原来由史迪威掌握的租借物资控制权，会旁落宋子文手中，他们当然是不愿看到宋子文的权势过分强大，以至于威胁到她们的丈夫的地位及利益。于是在 9 月 13 日，史迪威突然接到宋美龄的邀请，来到蒋的住所新开寺，等着他的是宋氏姐妹，寒暄之后，宋美龄切入正题：

　　"史迪威将军，我们对于战备状况之糟感到很震惊，如果这样下去，中国可能支持不了多久，所以希望能够改变这种状况，今天请将军来，就是为了讨论这件事，我们希望听到您的见解。"

"军备状况的确很糟，令人沮丧，障碍当然来自军政部，要改变这种状况必须撤掉何（应钦）。"

"我们同意将军的看法，希望将军能够施加压力，委员长那里，我们会帮助将军说话。"宋蔼龄显得信心十足。于是，在史迪威的日记中就有了这样一段话："我们签订了攻守同盟。不论出于什么原因，她们现在很当真，或许我们能获得一些成就。"

随后，在又一次的会谈中，宋美龄向史迪威透露："将军，您现在是否一无所知，有人正在暗中策划撤换您？"

史迪威摇了摇头，"有人想撤换我？我现在还不太清楚什么地方做错了？"

"将军。难道您不清楚吗？很多人在背后报怨您所说过的话。您曾叫俞飞鹏'土匪'；您在备忘录上的签名是'美国中将'，而不是'委员长的参谋长'；您十分傲慢，讨厌中国人，说中国人不是好东西等等等等。这些话，很多人是难以接受的，这些话伤害了他们的感情。"宋美龄说完看了看史迪威。

史迪威似乎已经忘记了什么时候说过这些话，但他对国民政府和蒋介石本人的确有很强烈的看法，在史迪威看来，国民党军队每天发表的战报，其中至少有90%是假的。而美国支持这个腐朽的政府是根本性的错误。所以在听完上述话后，史迪威似乎没有什么表示震惊、惶恐的表情。

"将军，西方和东方不同，我们能在一定程度上理解您的做法，但他们不能理解，这就是东西方的差异，您如果想继续在中国工作下去的话，那就要改变一下自己，至少要对委员长改变一下自己。很多人在他的周围吵着要向你讨个公道，委员长的压力很大，他无法向属下交代，如果将军能主动向委员长表示歉意，那将对您有益处。"宋蔼龄"开导"史迪威。

史迪威在美国军界素来以"醋性子乔"诨名著称，但为了避免被撤换，史迪威只好强压怒火，跑到蒋介石那里去演由宋氏姐妹为他导演的一出戏：史迪威向蒋道歉，并说，他的所作所为，唯一的目的是为了中国好，如果他有错的话，那并非有意。于是蒋与史迪威握手言和。蒋在这天的日记里写道：

"最后允史迪威悔改留任，重大信用。"而史迪威却认为这是一次"该诅咒的经历"，他心中肯定在想："一条响尾蛇没有发出响声就咬人了。"

蒋史暂时握手言和除上述原因外，很可能还与美国上将蒙巴顿将军对蒋施加压力和开罗会议在即有关，蒋当然不愿在开罗会议上因他撤换史迪威而影响与罗斯福会晤的友好气氛。

何应钦陪同蒙巴顿将军检阅中国远征军将士

史迪威地位戏剧般的变化，使宋子文又一次未达到撤换史迪威的目的，不仅如此，宋子文却在这次回国后，戏剧性地黯然失色很长一段时间。究其原因，大约是宋子文和蒋素来就有难以相处的地方。作为外交部部长，宋子文个性太强，而且反对别人插手外交事宜，且常常对中国经济的处理提出批评（大约是针对孔祥熙的），这些原因一直就存在着，所以裂痕一直有。另外，在宋子文回国途中，同蒙巴顿达成了某些法律上的建议，而这些问题实际上又是悬而未决的，蒋很不满意；而且，蒋介石也得到很多人关于宋在

家族与政治联姻的组合。前排左起：宋美龄、母亲倪桂珍、宋霭龄；后排左起：宋子良、蒋介石、孔祥熙、宋子安。

美从事个人金融生意的密报。

一条广为流传的消息说，家族为了弥补裂痕，于 12 月下旬安排了一次小型会议，希望在会上能取得和解和共识，但不幸的是事与愿违。会上，当蒋要宋陈述他对处理经济问题的意见时，宋回答说："经济缺乏有效管理的一个原因是机构太多，这么多的机构却没有一个有权力，它们之间还时常相互掣肘。要改变这种状态，需要建立一个单一的机构，并赋予它足够的权力，这样便于处理一切经济问题，使之走上正轨，逐渐摆脱目前的混乱状态。"

在蒋介石看来，宋子文显然是想重揽经济大权，独立于政府之外，按照他自己的模式去搞。这是蒋不能接受的，因为蒋必须掌握经济命脉，这样才有保证能够实现他个人的野心，于是蒋反击说："建立这样一个机构，会打乱整个政府的结构和工作秩序，何况又是不符合政府组织法的，任何人不能违背法律办事。"

宋子文毫不示弱，反唇相讥："政府组织法是人定的，你一向能够改变政府组织法的，只要你愿意——比如你决定要当总统……"据传，会议是以蒋介石拿起一只茶杯向宋子文头上砸去而告终，自然，任何马上取得和解的希望都砸灭了。

和以往几次失意不同，这次宋子文没有采取辞职的方式表示不满，来显示同蒋的分歧，而是闭门谢客，深居简出。宋子文的一些密友曾认为这是最糟的对策，但宋却不为所动，坚持己见。很显然，他在等待时机。

时隔未久，时机便到来。现在普遍流行的说法是：这段时期，曾被戏称为"蒋介石的橡皮图章"的"孔圣人"（孔祥熙），遭到国民党内所有派别的攻击，很多人指责"孔圣人"权力过大，衰老无用，不再称职，蒋介石想借此机会扼制孔祥熙的势力和权力，但宋美龄和宋蔼龄极力维护孔，宋美龄不知出于什么动机，曾一度搬住于孔宅，似乎是以示其坚决维护的决心。可孔祥熙还是被蒋"派"到美国出席国际货币金融会议去了，与此同时，宋美龄"按照医生的建议"，赴巴西"治病"，宋蔼龄"陪同"前往。一时间，家族的人都离蒋而去。恰在此时，美国副总统华莱士来华访问，于是"半闲赋"在家的宋子文便又走到了台前，开始频频露面。他不仅负责安排华莱士在华的各项活动，还参加了蒋与华莱士的多次会谈，按照蒋介石对华莱士的说法：孔祥熙已不在，宋美龄即将出国，宋子文便成为蒋与美国人谈话的唯一口舌了。

国际货币金融会议之后，孔祥熙并没有回重庆，按蒋的"指示"在美进行寻求美援的活动，此时宋氏姐妹已联袂出国，宋子文便自然地成为蒋倚重的人选。

1944 年 9 月，美国战时生产局局长纳尔逊访华，宋子文便受委员长指派同其讨论问题，并担任蒋同纳尔逊谈话的翻译，而大洋彼岸的"孔圣人"却在焦急地关注事态发展，纳尔逊及其助手们在蒋面前大夸宋子文，称对其印象甚佳。

蒋介石接见美国总统罗斯福特使威尔基。

同这次戏剧性地"失宠"一样，宋子文的东山再起也蒙上了一层难以琢磨的神秘色彩，但无论怎样神秘，宋子文取代孔的地位却是毋庸置疑的。

恰在此时，蒋介石与史迪威的矛盾冲突到了最后摊牌的地步。

1944 年 4 月，日本发动"一号作战"攻势。国民党军队在河南、湖南一触即溃。此事在美国方面看来，这纯系国民党方面指挥不力造成的。罗斯福于 7 月致电蒋介石，声称史迪威已被晋升为上将，要求蒋让史迪威"统率全部华军及美军，并予以全部责任与权力"。蒋介石当然不肯轻易让步，但又不能直接回绝。于是，宋子文又一次站到台前，致电霍普金斯（以个人名义）电文中说："华盛顿今天又作了一项致命的决定，陆军部想硬逼他（蒋介石）接受史迪威将军……我本人毫无保留地向你保证，委员长在这个问题上也不能屈服。"

随后，蒋介石再邀宋子文商讨对策。在对待美国上，宋子文很有办法，而且深谙他们之间的关系，蒋征求宋子文意见，"美国逼得很紧，为了两国的关系，我不想因为这件事闹僵，但我总要有个回音吧。"

"应该先缓解一下，利用缓解的时间做些文章，只要史迪威一走，自然就不存在指挥权的问题。"

二人商议后，重庆向华盛顿表示：让史迪威拥有这一指挥权不能"仓促付诸实施"，应有一"准备时期"；此外，罗斯福应派一全权代表来华，以调整蒋介石与史迪威的关系。

9月，罗斯福派赫尔利来华调解蒋、史矛盾。这时，蒋、史矛盾进一步激化。由于湘、豫、桂战场上国民党连连失利，国统区腹地形势严峻，蒋要求史迪威在缅甸立即发动进攻，以缓解昆明等地受到的军事压力，史迪威不同意。蒋对史迪威说，如果不采取行动，他将撤回在缅甸的中国军队。然而这种威胁没有奏效，史迪威依旧坚持己见，并向蒋提出，应把封锁陕甘宁边区的胡宗南部队南调，支援西南。而且，史迪威还要求蒋授予他统率全部中国军队的权力，包括奖励、升免，战区部队调动等。在史迪威把他与蒋争执的情况电告美国当局的同时，史找到宋子文，史一直认为，宋子文接受过西方教育，熟知西方人的思维，而且态度直率、友好。史迪威对宋子文说："谁都看到，情况很糟，而且委员长不采纳我的建议，西北几十万大军按兵不动，我很不理解，我已经向委员长要求过，要他授权我统帅全部中国军队，这样情况会变得好些。""委员长作为中国战区最高统帅，有他的统筹考虑，中共的势力不能扩大，这是委员长的原则，在指挥权的问题上，我想委员长是不会让步的，这个要求对他来讲是不能接受的，局势到现在，你们二人中必须得有一个人做出让步，这样才有可能缓和……"

宋子文意在使史迪威让步，矛盾趋缓后再谋撤史。

不料，9月18日，蒋介石收到罗斯福的电报，指责蒋："兹者因阁下延搁委任史迪威将军指挥中国所有之军队，致损失中国东部之重要土地，其影响之大殊非吾人能臆测"；电报要求蒋介石"立即委任史迪威将军授以全权指挥所有中国之军队"。

电报送到蒋介石手中，蒋似乎有些沉不住气，忙叫人把宋子文找来商量，蒋指着宋手中的电报说："把责任都推到我的身上，他们怎么知道有人在背后捅我的刀子，那我就辞去这个统帅好了，看他们怎么收拾。"

宋子文没有听蒋发牢骚，而是略微思考了一阵，才对蒋说："这份电报很可能不是罗斯福的手笔！我想，可能是出于史迪威和美国军方的安排，据我的了解，美国和罗斯福不会放弃对委员长的支持。"

宋子文的分析不无道理，于是二人商议后，决定以攻为守，坚决要求撤换史迪威。

9 月 25 日，宋子文会见赫尔利，在谈到罗斯福的电报时，宋子文对赫尔利说："委员长和我本人都认为这封电报是出自史迪威将军的安排，在我们看来，这场风波的责任应归咎于史迪威将军。"

赫尔利没有表态。同一天，蒋宋会见赫尔利，宋子文把他起草的一份备忘录交给赫尔利，请转给罗斯福，这份备忘录明确要撤换史迪威，另派美国将领来接替。备忘录中说："盖盟军合作之要素，为互相谅解，互相尊重，史将军莅华之时，即对此漠视，关于史将军此种缺点，余曾屡次转达罗总统。去年十月，余本欲要求将其调回，后因史将军郑重声言，此后绝对听余命令，不使余再对彼有所失望，是以作罢。乃史将军之言，至今并未实践。如委史将军以重任，其结果不但不能加强作战之努力，以抵抗共同之敌，必致其指挥之系统，内部发生纠纷，中、美军事合作，亦只有趋于失败之一途。"此外，备忘录还特别指出：罗斯福指派任何美国将领接替史迪威，蒋都会"竭诚欢迎，且将力之所及，以遂行其计划，支持其作战，加强其权限也。"

在蒋史矛盾的整个过程中，宋子文始终站在蒋的一边，尤其是在这次结局未定的关键时刻，宋子文的支持，无疑使蒋站稳了脚跟。事实也证明了宋子文的分析确有道理，而且宋提出的以攻为守的策略也奏效了。10 月 6 日，罗斯福致电蒋介石，做出了一些让步："接受阁下之建议，解除史迪威为阁下参谋长之职务，并不再令其负责有关租借物资事宜"；但罗斯福仍未同意马上召回史迪威："然为维持中印空运吨位计，盖此对于巩固贵国政府有极大之重要性者，为使其保有适当安全之形势起见，仍需史迪威在阁下之下，负责直接指挥在缅甸及云南之华军。"

　　然而，蒋介石与宋子文去史之意坚决，二人经商讨后，于 10 月 9 日由蒋再度致电罗斯福："阁下所提关于中国全线军队或缅甸与云南局部军队由余委任美国将领之指挥以及其他各种之建议，余固无不乐于接受，但其人选，务须能与中国诚恳合作而得余之信任者，此为必不可少之条件。九月二十五日之备忘录中，余已详述史迪威将军显然缺乏上项之必要条件，故余不能再授彼以指挥之权，当荷阁下谅解。在余之立场，既归余指挥之将领，必须得余之信任及能合作者，是以余之主张，前后始终一致，而并无改变。今余仍本初衷，即请阁下调回史将军，而另派胜任此重任之将领来华以替代之，则余深信阁下之主张，当能切实推行无阻也。"

　　蒋宋毫无让步之意，这封电报把罗斯福逼到了必须选择的地步：要么撤换史迪威；要么失去中国这样一个盟友（在罗斯福看来，蒋介石等于中国）。结果罗斯福选择了阻力最小的一条路，召回了史迪威。

　　史迪威即将离华，向来爱做表面文章的蒋介石要给史迪威授他的青天白日特别勋章，倔强的史迪威拒绝了蒋的"好意"。但史迪威不得不参加蒋为他举行的欢送茶会。宋子文坐在史的身旁，宋子文对史表白说："将军，您为中国做出了很大贡献，我本人对发生的一切感到非常惋惜，这纯是性格不同而造成的，希望将军继续做中国的朋友，并对中国局势提出批评和意见……"

　　史迪威并未做答，而是很无奈地摇了摇头。10 月 21 日，史与来华时大相径庭，史迪威悄然离开重庆，只有宋子文和赫尔利（已被任命为驻华大使）到机场送行。

　　史迪威被召回国，美国舆论反响强烈。新闻界普遍认为："史迪威是在中国最能干的战场指挥官，但因无法对蒋介石采取一种毕恭毕敬的态度而被召回国。美国支持的实际是越来越丧失民心和得不到信任的政府，实质上是要我们默认一个不开化的残忍的独裁政权……"美国新闻界接连的评论、报道等，使罗斯福总统不得不在新闻发布会上接受连续的提问，大有应接不暇之势。

　　在重庆，由于大洋彼岸的风波，国内新闻界也开始关注此事。作为外交部部长的宋子文不得不站出来向新闻界解释说："史迪威将军奉召返美，纯属军事方面的人事问题，所以无法解释，近来外间很多揣测的传闻，多无根据，而美国更是如此。当此作战之时，吾人不愿一一申辩，我深信经过相当时间，事实自然能证明观感的错误——史迪威将军奉召回国之事，与中美两国政策绝对无关，不过个人问题而已。"显然，宋子文对史被召回国所做的这番"无法加以解释"的解释，意在弥补因此事而引起的中美之间，特别是与美军方之间的隔阂。

在这次一波三折的蒋史风波中，宋子文始终如一地支持蒋。这表明，尽管蒋宋二人之间有矛盾，彼此有一定成见，甚至闹翻过，但毕竟二人有着共同的利益，而在此事中，强化蒋介石的地位，是宋子文的利益所系。特别是当史迪威较多地介入中国内政，提出国共关系等不利于蒋独裁的一系列问题时，限制，乃至撤换史迪威，已成为蒋宋本能反应了。可见，被人们普遍认为"洋化"形象的宋子文，是站在蒋介石一边的。

三、中苏谈判，蒋宋"大国梦"难圆；妥协退让，宋唯蒋马首是瞻

战争进行到 1945 年，形势已越来越有利于同盟国，赢得反法西斯战争的胜利只是时间的问题了。年初，美、英、苏三国首脑会晤雅尔塔，三国就苏联加入对日作战的政治条件达成协定，这个由斯大林提出的协定主要内容是：一、外蒙古的现状应予维持；二、恢复俄国在 1904 年被日本夺去的权益。即（1）库页岛南部及邻近岛屿还给苏联；（2）大连港国际化并保证苏联在该港的优越权利，苏联租用旅顺港为海军基地；（3）中东铁路和南满铁路应由苏中合办公司共同经营，须保证苏联的优越权利而中国则保持在"满洲"的全部主权；三、千岛群岛应归苏联。

这份协定被称作"雅尔塔秘密协定"。在签订之日起，美苏即达成谅解；由苏联来决定何时将内容通知中国方面。

苏联迟迟不将内容通知重庆，而美国也一直为其保密。其意很明显：美以"不介入"的姿态来压国民党进行谈判，以使中国能够尽早承认秘密协定。

其实早在 1943 年 3 月，罗斯福便向宋子文提出关于苏联以前在中国东三省的特权及外蒙古问题，建议中苏间直接谈判，交换意见。宋子文当即指出：苏联已将中东路售与日本，故无特权问题。但罗斯福却与斯大林在德黑兰会议期间达成协议。1944 年 6 月，华莱士访华时，蒋介石希望美国介入中苏改善关系，但遭华莱士拒绝。当时蒋宋都认为，要解决国民党当局极为头痛的中共与新疆问题，必须得到苏联的谅解，因此考虑通过中苏政府高层接触，来解决双边重大问题。

所以，在雅尔塔会议后，国民党急于了解雅尔塔对远东问题有何具体协定。宋子文曾致电回国逗留的赫尔利，要求立即访问华盛顿，但遭到美方的冷遇。宋子文并不甘心，再次致电美总统特别顾问霍普金斯，希望其转告罗斯福：委员长要求我现在赶赴华盛顿，与总统讨论某些极为重要而机密的事项……我将以行政院代院长的身份前往（先前美拒绝宋的理由是：在旧金山会议之前，一位外长的来访会引起其他感兴趣的外长们的误解）……最后，宋子文声明，他不是前来借款或使美国作出为难的决定，"只是与总统及其高级顾问们商议中国与亚洲的未来"，在电文中，宋子文已明确提出要向美方了解雅尔塔会议的有关情况，与美国商议中苏关系的紧急要求，但美方仍未同意宋子文在旧金山会议前会见罗斯福，理由是：总统身体欠佳。

20 世纪 40 年代，蒋介石与宋子文接见比利时驻华大使。

然而事实证明美当局根本不愿意把雅尔塔秘密协定的内容尽早告知中方。3 月，蒋、宋指示驻美大使魏道明追问罗斯福，罗斯福无奈，才透露了斯大林在雅尔塔会议上对外蒙古、南满铁路和旅顺港问题上提出过要求，但却闭口不提美、英、苏已达成协定的内容。

20 世纪 40 年代，蒋介石与宋子文接见法国驻华大使。

4 月 7 日，在宋子文赴旧金山参加会议前，已从其他方面证实，苏联在雅尔塔会议上要求以"满洲"的某些权益作为加入对日作战的条件，并且得到了美国和英国的同意。宋与顾维钧密商，顾认为中国不能同意把港口租于苏联，并从中苏冷淡的关系上看，也不宜马上举行谈判，他主张对苏采取强硬的态度。顾作为老资格的外交界耆宿和宋的密友，他的观点无疑给宋以很大支持和影响。当宋把情况通知蒋时，蒋也支持宋的观点，要求宋子文转告罗斯福，任何把旅顺或大连租给苏联的做法都将遭到中国人民的反对。显然，在蒋宋看来，中国加入对反法西斯的战争，并且是即将召开的旧金山"联大"的发起国之一，应与美、英、苏保持平等的位置，这种不平等的协定当然是不能接受的。但罗斯福于 4 月 12 日猝然去世，宋未能向其转达蒋的意见。所以，宋子文还不清楚雅尔塔会议究竟在对远东问题上达成了哪些协议，美国当局所持的立场怎样。可继罗斯福出任总统的牡鲁门同样不愿意把秘密协定通知中方。

5 月 14 日，杜鲁门在华盛顿会见了宋子文。在会谈中，宋子文就中苏关系谈了他的观点（也基本上代表蒋介石的观点），他对杜鲁门说："'满洲'和台湾是中国领土，日本投降后应归还中国，中国愿意同苏联和睦相处，特别是苏联参加对日作战的话；在中日战争初期，中国军队单独抵御日军，那时苏联对华十分友好，曾援助中国武器和弹药，这种友好关系维持了一段时间，但后来发生了一些变化。我们看到，苏联政府对中共的支持已超过了对国民政府的援助。看来，赴莫斯科讨论这种局势是必要的。在这个问题上，只有中共承认国民政府的最高领导时国民政府才会让他们加入政府，这个原则不会改变，旧金山会议后，我将先返回重庆，然后再去莫斯科，会谈结束后，再经由伦敦到这里，向总统阁下作进一步的通报，希望总统阁下能提供飞机。这样做完全是为了让俄国人知道华盛顿也在关注此事……"

宋子文竭力要把中苏会谈引入话题，并暗示杜鲁门允许他在中苏交涉中打"美国牌"。然而，一直认为这是一次礼节性会见的杜鲁门却不愿意谈论此事，而且只字不提雅尔塔协定，他只是向宋子文表示，希望看到一个统一、强大、民主的中国。杜鲁门的态度使宋子文无可奈何，不得要领，形势越来越不利于中方。

斯大林于 5 月会见霍普金斯，提出于 7 月 1 日前会见宋子文，并允诺于 8 月 8 日前完成对日作战的准备，但条件是中国是否接受雅尔塔协定。美苏还达成谅解：苏联将不损害中国在东北和其他地方的主权，外蒙古保持现状；苏联帮助中国实现统一，并认为蒋介石是唯一能使中国统一的领导人，中共不可能实现中国的统一；苏军所进入的"满洲"和中国其他地区里，蒋都可以建立行政机构，蒋的代表可以同苏军在一起；宋到莫斯科后，由苏联通知其雅尔塔秘密协定，同时，由赫尔利通知蒋。

显然，在宋子文赴莫斯科前，美苏已达成交易。美国为了不使自己国家的军队因对日本决战而造成重大伤亡，而不惜出卖中国的利益，换取斯大林出兵，早日结束战争。正如美陆军部长史汀生在一份文件中所说："……美国如欲在苏联之前攻占远东地区（这些地区被认为是苏联的军事范围），就要付出无法承受的耗费。因此从军事角度而言，美国应同苏联达成谅解和协定……"

蒋介石与宋子文显然感到了形势不妙。他们通过一系列的努力，终于使情况有所转变：5 月，赫尔利在重庆以私人的名义，把他所了解的雅尔塔秘密协定全盘告诉了蒋介石，并希望蒋"早做准备"。蒋立即将情况通知了在美的宋子文。与此同时，由于美国国务卿退汀纽斯的努力，桂鲁门总统在宋子文经华盛顿离美时，把"雅尔塔秘密协定"的内容通知了宋子文，并且告知宋子文，不要将上述协定立即通知蒋介石。

宋子文得知秘密协定后，觉得有必要对有关条款加以澄清。在会晤过代理国务卿格鲁后，宋子文于 6 月 14 日再次会晤杜鲁门。会谈中，宋子文对杜鲁门申明中方立场，"对于恢复 1904 年日俄战争后俄国在'满洲'失去的权利，我们认为：这些权利是 1895 年中日战争后俄国从中国获得的，这些权利已被取消了。在 1924 年的中苏协定及苏联同张作霖达成的协定里，他们（苏联）已经自愿放弃了一切租借地和包括治外法权在内的种种特权。在会见斯大林委员长时，我想我有必要澄清这些问题及苏联在大连港的'优越权利'这一概念。目前，我们感到最为难的是苏联租借旅顺港，因为在经历了中日战争之苦后，中国政府和人民极力反对恢复租借港口的制度，这对于我们来说很重要。中国人民一直把美国视作最重要的朋友……"

宋子文在基本阐述了国民政府的观点后，显然在询问美方的意见，在宋子文和蒋介石看来，美国是否介入是很关键的。他们认为：如果美国介入，很有利于中方在中苏谈判桌上讨价还价。

但杜鲁门关心的是苏联早日加入对日战争，缩短战争时间，减少美军伤亡。基于此认识，杜鲁门的回答并未涉及宋子文所提的、需要澄清的问题，"阁下，我们当前最主要的问题是如何加快战争的结束，所以我们对苏联加入远东作战很关注，这有利于缩短战争时间，减少美军和中国军队的伤亡，拯救中国人民的生命。我们也一直把中国视为在远东的朋友，我们不会做任何有损于中国利益的事……"

宋子文拉美站在中国一边，以便利于在中苏谈判中增加砝码，但杜鲁门政府反应冷漠，使宋子文感到失望。在给蒋介石的电文中，宋子文透露出这次使命的不易——因为中苏间本来有很大的实力差距，加上美国的态度，已经使这场还未开场的谈判变成了一边倒的局势。

宋子文带着无奈的心情于 6 月 20 日返回重庆，25 日的宣誓就任行政院院长并未使宋子文的心情有丝毫变化，他已经预感到了肩上的担子的沉重。在与蒋介石进行过匆匆的商议后，宋子文于 27 日离开重庆，同行的有驻苏大使傅秉常、外交次长胡世泽及蒋经国、沈鸿烈等人。

自 6 月 30 日至 7 月 12 日，宋子文与斯大林共进行了 6 次会谈，在此期间，宋子文一边将情况电告蒋介石，征询其意见，一边向美方通报会谈基本情况。可见，在宋子文（包括蒋介石）的想法中，仍然希望美国介入谈判。

到达莫斯科的当晚，宋子文与斯大林进行了礼节性会晤，宋转交了蒋致斯大林的亲笔信。随后，宋子文以外交的常套追溯了国民党与苏联以往的合作历史，并强调了恢复这种关系的愿望。

礼节性的会见表面看来既亲切又热烈，但当正式的谈判一开始，双方就陷入了僵局。

宋子文大约没有料到僵局首先发生在外蒙古的问题上。斯大林的要求是要外蒙古独立，这完全令宋子文没有思想准备。临行前，蒋介石和宋子文都认为，承认外蒙古是中国领土不可分割的一部分是以往中苏有关协定的惯例，僵局很可能出现在东北问题上。可没想到斯大林首先提出这个问题，尽管宋子文没有充分的准备，但他深知此中关系重大，所以当斯大林提出问题后，宋子文很坚决地说："我无法向国民宣布将放弃任何一部分领土。阁下所言外蒙古为对日战略上重要之地点，我准备不在此时提出这个问题，但如果我承认外蒙古的现状，那么中国政府将发生动摇，苏联政府多次承认外蒙古为中国领土的一部分，阁下也说过愿意看到一个稳定统一的中国……"为了不至于闹僵，宋子文对斯大林许诺说："我们可以承认苏联在外蒙古的运兵权，但如果要我接受外蒙古独立，这完全超越了我所奉训令的范围。"但斯大林不愿意放弃这一要求，所以第一次正式会谈宣告结束。

7 月 3 日，宋子文致电蒋介石，建议在外蒙古不得独立的条件下，允许苏联驻兵，外蒙古的内政、外交、军事高度自治，这是宋子文为打开僵局而制定的建议，最后，宋子文提出，"如果斯大林坚持外蒙古必须由我国承认其独立，那么可以中止交涉。"可见，宋子文尽管同意在外蒙古上做某些让步，但不同意其独立。

但蒋介石的回电中却指示宋子文让步，蒋在电文中指出三项原则：（1）东三省领土、主权及行政必须完整；（2）新疆伊犁以及全疆被陷区域完全恢复，中苏边境双方匪患，应照前约互相协助围剿，阿尔泰区仍属新疆范围；（3）中共对军令、政令必须完全归中央统一。蒋指出，在上述条件满足后，中国抗战胜利后，视外蒙古人民投票的结果，批准予以外蒙古独立。可以看出，蒋为了换取苏联在东北、新疆、中共问题上的承诺，准备同意外蒙古战后独立。这与宋允许苏联在外蒙古拥有特权有区别。

尽管宋子文接到蒋的明确指示，但仍然在 7 月 7 日同斯大林的会谈中坚持不同意外蒙古独立。斯大林援引雅尔塔协定中指出的“外蒙古现状”对宋子文说：“现在，外蒙古无中国代表，中国亦无外蒙古代表，外蒙古也曾两次宣布过独立，所以现状即为正式承认独立。”

“阁下，我本人不同意将‘维持外蒙古现状’理解为‘承认外蒙古独立’，中国对外蒙古拥有宗主权，只是事实上不能执行……我们不能承认外蒙古独立的理由很简单，自存为自然则，任何中国政府倘若签订割让外蒙古的协定，均不能存在。中国人民和国内的各种政治力量都是反对外蒙古独立的，所以国民政府不能无视这一现实，中国的舆论将反对承认外蒙古之独立，孙总理的遗嘱中也谈到中国领土完整……国民党内无人支持外蒙古独立，共产党或许不公开反对，但可以认定他们（中共）会利用之作为推翻政府的工具，没有一个政府，无论是‘满清’或袁世凯政府抑或现在政府，能够违反舆论而存在的。前面我已讲过，我们可以承认苏联在外蒙古拥有进驻军队之权，但要我们放弃外蒙古的宗主权，是不能承认的。”

双方争执不下，谈判无丝毫进展。然而就在未卜之时，宋子文又收到蒋的两封电报。在第一封电文中，蒋急于以承认外蒙古战后独立来换取前述三点苏联对其支持之意明显。在第二份电文中，蒋又重复前文的意见：“外蒙古问题实为我中苏两国关系症结所在，中国今愿以极大牺牲，与示以最大之诚意……”电文中已明确指示宋子文，只要苏联在前述三点上作出肯定性承诺，可以允许外蒙古战后独立。

宋子文别无选择，只得回电“照办”。随后，在会谈中宋子文把蒋的电文内容转告了斯大林。至此，中国承认外蒙古独立已不可避免。虽然宋子文曾力争过，而且试图寻求美国方面支持，然而由于蒋介石的决策，以及美国尽管认为斯大林狮子大张口有悖于九国公约和雅尔塔秘密协定时美方对该协定的理解，但却基于促使苏联尽早出兵考虑，而"提醒"宋子文尽快与斯大林达成全面协议，所以作为中方首席代表的宋子文面对此种局面纵有天大本事也是枉然，导致了宋做出让步。可以看出，这里面后者的因素也是很重要的，否则的话，宋子文很可能还会向斯大林进一步力争，向蒋介石力谏的。

外蒙古独立问题解决后，接下来的会谈便没有了实质性障碍，在关于东北的若干问题上，双方开始讨价还价。

在大连港国际化上，斯大林提出由中苏共同管理，行政长官由苏联人担任，大连市政府，市长为苏籍，这种明显想控制大连行政和管理权的提议遭到宋子文的强烈反对，宋子文对斯大林阐明中方立场，"所谓大连港国际化，应该是指该港作为一个纯粹的自由港，其主权和管理权应属中国，这是阁下承认中国对'满洲'拥有完全主权的应有之义，但可以聘请苏联专家，苏联货物免征租税等，至于阁下的提议，我们不能接受……"

在随后的谈判中，斯大林对中东铁路、中长铁路、旅顺港问题上的过高提议均遭宋子文反对，因为这些要求超出了蒋与宋商议的尺度，宋子文是不敢贸然应允的。与此同时，作为回报，在东北行政主权、新疆以及中共问题上，斯大林已同意了蒋介石提出的条件。宋子文为避免在条约上签字，以铁路、港口问题分歧为借口，声称回重庆请示。按斯大林的想法，中苏谈判应在波茨坦会议前签字，但就在这个关键时刻，宋子文采取了拖延战术。宋子文之所以采取此种战术是因为一向以民族主义者自居的宋子文不愿意在这样的条约上签字（除外蒙古独立外，其他几方面中国也做出了让步），因为这是十分敏感的，被国民普遍关注的问题，谁在这样的条约上签字，都将背上政治包袱。所以宋子文采用了顾维钧提示他的忠告。再者，斯大林对除外蒙古外的其他方面要求过高，宋子文又不能不面对问题，所以才采取这个办法，显然，宋子文一方面想回到重庆与蒋介石仔细商讨，另一方面也有争取时间来寻求美国尽快介入，使下一轮的谈判苏联方面不至于漫天要价，从而达成的协定并不完全按照苏联方面的意愿。基于此种认识，宋子文在谈判后，会见美驻苏大使哈里曼，称他所以使问题悬而不决是在等待杜鲁门总统的看法，并表示希望能前往柏林与杜鲁门和斯大林会晤。

可见，宋子文（包括蒋介石）希望美国介入的初衷未改。然而对于中国来说，雅尔塔协定本来就是美国为了本国利益而舍弃中国利益的产物，在美国没有达到目的之前，任何努力都是徒劳的。

由于斯大林和莫洛托夫参加波茨坦会议，宋子文于 7 月 17 日回到了重庆。在重庆会见赫尔利时宋子文谈出了自己的心声，他对赫说"我现在已是一个潦倒之人，过度的紧张和劳累已使我感到力不从心……对中苏协定负责的人，将在政治上受此协定之害，我是不会再回到莫斯科去的了，我已经向委员长建议由王世杰出任外交部长并赴莫斯科继续谈判。"

"您的心情可以理解，但我的想法是：您作为行政院院长，是除委员长之外与斯大林会谈的唯一合适人选，如果您不去，而派一名新外长赴莫斯科，这可能对谈判有害，甚至会产生毁灭性的作用。"

宋子文回到重庆便立即辞去外交部部长的兼职，表面看来似乎是行政院院长不必担任下属某部长之职，但实质是宋子文想借机避开中苏谈判这个令人敏感的问题。然而，由于蒋介石和赫尔利等人的坚持，宋子文虽辞去外交部长，但还是作为中方的首席代表再赴莫斯科。

宋子文在第一阶段的谈判中不可避免地对苏联做出一定让步，回到重庆后，宋便立即与蒋介石商议对策。宋子文认为，在东北问题上，中方应据理力争，毫不退让，他对蒋谈出想法"旅顺港中国行政人员的任命不应先征得他们（苏）同意，这是主权，大连及'满洲'各港口均应在中国行政管理之下，原则不能更改，铁路沿线不得驻苏军，这些原则应该向苏联声明，同时通告美方，他们（美）的态度是至关重要的。"

"这个原则我同意，我会在给斯大林的信中声明这些原则，同时把这些原则通告美国。但下一轮会谈还得子文兄亲赴莫斯科，王世杰做你的副手，这将有利于谈判，如果你不去的话相信赫尔利的说法有道理。王世杰毕竟是作为部长级，地位不相同等，会不利于我们的，还是请子文兄前往吧。"

最后，宋子文勉强同意与王世杰一同赴莫斯科，而就在此时，美方的态度开始有所转变，形势变得有利于中方起来据理力争。这是因为，一方面蒋

147

介石与宋子文都向赫尔利表示中方不会同意苏联的新要求,将保留不经苏联同意而在旅顺周围岛屿上设防的权利,宋子文辞去外交部长的举措也使美方感到必须调整态度,以免损失在华利益(在美国看来,宋是代表他们利益的);另一方面,在第一阶段的会谈中,宋子文把全部会谈的情况都转告了美国,美政府内部对斯大林任意曲解雅尔塔协议和超出罗斯福总统的初衷表示出强烈反响,他们认为斯大林的举动给美在华利益和远东政策带来了威胁,所以许多高级官员纷纷向参加波茨坦会议的杜鲁门、贝尔纳斯提出,美国应对中苏会谈表现出积极态度。尤其是美陆军部长史汀生致杜鲁门的备忘录中向其指出:"罗斯福总统当初只考虑答应将旅顺港在有限的时期内租给俄国作为海军基地,并未允许俄国人控制或阻止经由大连或'满洲'任何其他商港的贸易……我坚持应将'满洲'视为中国所有……在这点上我毫无疑问地支持中国……"

美国高级官员对外蒙古不置可否,但在东北问题上态度强硬,使得杜鲁门在波茨坦会议上开始表现出强硬态度。另外,杜鲁门态度趋强的另一重要原因是他从史汀生那里获知美国已经成功地试验原子弹,并制订了向日本投掷的计划,这使杜鲁门认为即便苏联不加入对日作战,美国也可以很快结束在远东的战争。

基于此种认识,杜鲁门开始在波茨坦会议期间表示出强硬态度,并在致蒋介石的电文中暗示中方可以在下一轮会谈中不必让步。当然,在这份电文中杜鲁门也推卸了第一阶段中方让步的责任。与此同时,美方也通知了英国,建议英国也通知宋子文不要向俄国人让步。丘吉尔对此的分析是:"十分明显,美国目前已不希望苏联加入对日作战了。"

美国态度的转变,使形势有利于中方。波茨坦会议后,宋子文立即接到了莫洛托夫(外长)的邀请,要宋立即赴莫斯科谈判。

宋子文是于8月7日飞抵莫斯科的,当晚中苏就开始了第二轮会谈,双方在东北具体细节上仍存在分歧,斯大林所提出的中苏设立董事会主持大连市政及分享港口设备所有权;不同意中方在旅顺港外岛屿设防等一系列提议均遭宋子文拒绝。在外蒙古问题上,宋子文则要求按丁文江以前绘制的地图和1926年版苏联地图为依据,被斯大林拒绝,斯大林并且声明不在换文中作任何关于疆界的声明。

驻扎在东北的苏军官兵

同时，斯大林还提出将苏军占领区的日本工厂及设备作为苏方战利品，宋子文则认为，所有在东北的日本工厂及设备、产业等，均应视作日本对华赔偿，归中国所有。

由于远东局势的迅速发展，使得宋子文觉得必须尽早与苏联签约——因为，8月8日，苏联已经对日宣战，苏军已越过东北边界，如再拖延，谈判将越来越不利于中方。于是，宋子文致电蒋的电文中，提出在大连问题上做一些让步，以尽早结束谈判，蒋同意。

8月10日，日本宣布无条件投降，宋子文等人本以为可以在换文前再力争一下，但在当晚的会谈中斯大林开始便频频打出强牌。斯大林对宋施加压力说："如果中国不同意外蒙古的现有边界，那么内蒙古的疆界就会消失于外蒙古，而成为一个更大的'蒙古共和国'，如果阁下不立即与我们达成协议的话，共产党将进入'满洲'……"

在此情况下，宋子文与随行人员商议后，均认为再强迫苏联让步是不可能，如果继续拖延，恐怕容易引起意外变化。于是，宋子文将情况电呈蒋介石，蒋同意了宋权宜处理。当晚，宋子文在会谈后会晤哈里曼，告之将在大连问题上做进一步让步，哈里曼当即表明态度："阁下，我们政府认为贵国

149

目前的方案是符合雅尔塔协定的，在达成任何进一步让步前，应与我们商议，我将把这里的情况报告总统先生和贝尔纳斯国务卿……"

哈里曼立即于第二天致电美政府，并根据贝尔纳斯回电精神，于 8 月 12 日致函莫洛托夫"宋博士已把他同斯大林委员长会谈的基本情况告诉了我，我业已将这些情况告诉了我国政府……我国政府极为关注涉及大连的安排，我们得悉，苏方建议对该港设备共同所有。我国政府命令我提醒您注意以下事实，即它将认为该项安排会损害美国对华政策之利益，据此，将不予支持该项安排。诚如我先前告知您的，我国政府赞成该港之一部分出租为苏联运输之需……我已把上述内容告知了宋博士。"

可以看出，美国已直接介入了第二次会谈。美国的介入，对最终谈判的结局起到了一定的影响作用。在最后达成的协定中，苏联有所收敛，不再漫天要价，大连的行政权属于中国，港口设备只是以租借方式提供给苏联；旅顺问题：苏联同意成立中苏军事委员会来处理军港的使用事项，民事行政权归中国，苏联放弃在旅顺以南岛屿不设防的要求。这些都是美国十分关注的，所以苏联的要价有所收敛，而在苏联要价很高，而美国并不关注的问题上，如边界问题、中长铁路由苏方担任局长问题等，还是按照了苏联方面的提议写进了协定。可见，尽管蒋宋一争再争，寻求美国的介入，造成大国的"气氛"，但还是"大国梦"难圆，鉴于强弱之分，不得不做出违心的让步。

谈判进入尾声，当各种协定、条款基本商议敲定后，斯大林于 8 月 13 日会见宋子文时，再次提出了一个新的要求，斯大林对宋说："红军已进入东北，中国应该为进入东北的红军支付给养，红军由他们战斗所在地国家提供给养，这是个惯例，我们不想在中国搞粮食，如果贵国感到为难，那么可以选择：要么向苏军提供必要的货币；要么允许我们发行自己的货币，由贵国负责兑换。"

宋子文未想到斯大林会提出这么个问题，使他与蒋商量的余地都没有，如果不同意苏方的要求，引起变故（宋担心苏方借此为口实而收兵），那么责任他是担负不起的。尽管如此，宋子文并未放弃力争："委员长阁下，中国有很多国外的军队，他们也在帮助中国打赢这场战争。美国就是如此，而美军在华的给养都是自理自给的，苏联政府也应该这样做的，因为中国是个穷国。"

斯大林对此只说了一句话，"苏联也是一个穷国。"

宋子文见斯大林毫不让步，无奈，宋子文只得接受第二方案，但他寄希望以后由日本来承担这笔费用。

在撤军问题上，宋子文坚持三个月内撤完苏军，并写入协定正文中。但斯大林坚持不写入协定正文，并声称最多三个月内可以撤出，所以在正文中我们看不到苏军撤兵时间。

蒋介石和宋子文在第二阶段的会谈中，在美国介入的情况下，还向苏联做出很多让步，究其原因，不外乎蒋宋等都认为，抗战即将胜利，建立国民党一党专制的最大障碍是中共，在中共问题上取得苏联的谅解，可以在战后一心一意消灭或扼制

王世杰

中共，达到一党专制，个人独裁的目的。正如宋子文和王世杰等人认为的那样："就我方利害言，则此次缔约，可以明中苏之关系，减少中共之猖獗，保证苏军之撤退——凡此，皆为今后统一及建国所必需……"可见，在蒋、宋等人看来，这些让步是值得的。

《中苏友好同盟条约》和有关规定，8月14日换文签字，苏方签字人是莫洛托夫，中方是外交部长王世杰。宋子文对此向蒋的解释很圆满："因苏方的签字人是莫氏，故我方由王部长签字。"

纵观1945年中苏会谈，我们可以看出：抗战胜利前夕美苏在远东问题上的基本态度，应该说，宋子文在谈判中一直处于不利位置。这也表明，尽管蒋宋都自诩"大国"，但事实上并非如此，强弱的对比使中方一直处于让步的位置，这就决定了这次谈判不是公平的，更何况蒋宋急于在抗战胜利后实现国民党一党专制，这也决定了国民党政府为了争取苏联在中共问题上的谅解而不惜妥协让步。虽然宋子文一度在外蒙古问题上坚持己见，甚至曾准

备不惜停止谈判，但最后的决策者不是他宋子文，当蒋要让步的电文一再地催促宋时，宋不得不照办。期间宋虽曾向美方积极争取介入，电谏过蒋介石，在会谈中与斯大林力争，但总的来说，他是回天乏术。在争取到苏联在中共、东北和新疆问题上的谅解后，宋曾感到满意，这也暴露出来他站在蒋介石一边，为了实现国民党一党专制而不惜代价的本质，宋没有跳出视国民党一党"正统"的狭隘圈子。

8月15日，宋子文离开莫斯科直飞美国。在机场临别演说中，宋子文说："余虽不能长期留此，然在此短期内所获之印象，已足永志弗忘矣。"

第四章　内战论蒋宋

一、抗战胜利，宋子文在经济"劫收"中敛财不遗余力；
积极内战，蒋介石一意独裁导致"黄金风潮"

经过 14 年浴血奋战，中国人民终于赢得了抗日战争的伟大胜利，饱尝战争之苦的人们在得知日本投降后，纷纷走上街头，弹冠相庆——人们盼望这一天的到来已经很久了。

可善良的人们是无论如何也预料不到的，就在这片刚刚熄灭战火的古老土地上，一场新的战争正在向人们悄悄靠近。1945 年 8 月 10 日，蒋介石从东京广播中得到了日本投降的消息，作为中国战区的最高统帅，这一消息来得并不突然，令蒋介石头痛的是，自己的嫡系部队远在西北和西南，必须立即采取措施垄断中国战区的受降、抢占战略要地，以便向中共领导的抗日武装力量抢夺胜利果实，这是当务之急，用毛泽东的话讲，"他（蒋）是要下山摘果子的"。

于是朱德总司令接到了蒋介石的急电，命令中共的抗日武装力量"原地驻防待命"不得对日伪军"擅自行动"。与此同时，蒋介石的嫡系部队正在利用美军在华的 1.5 万辆汽车，700 余架飞机，270 余艘战舰、船只，从不同的地方开向广州、长沙、武汉、南昌、九江、南京、西安、杭州、徐州等22 个战略要地。与此同时，日军驻华最高指挥官冈村宁次也接到蒋的指令，必须接受中国陆军总司令何应钦之命令——这就意味着日军必须接受国民党受降。此举用意，明眼人是洞若观火。军事上抢占战略要地只是蒋计划的一部分，日伪在华的大量物资也是蒋急于捞到手中的。9 月 5 日，蒋介石批准在陆军总部下成立党政接收计划委员会，何应钦为主任，谷正纲为副主任。其实蒋心中并不愿意这块肥肉落入何手中。

果然，接收计划委员会刚刚成立，宋子文就从美国回到了国内，蒋宋在肥水不流外人田、扼制何势力膨胀上是一致的。于是，有了行政院长宋子文"呈请"蒋介石批准，成立"行政院派驻陆军总司令部收复区全国性事业临时接收委员会"，由行政院副院长翁文灏主持，这样，陆军总司令部负责有关军事系统方面的接收，行政院负责一切属于行政院范围的接收。

虽然有了分工，但谁心里都清楚：经济接收是块肥肉，谁抢得多、占得多，谁就会鼓足自己的腰包。这种心理的普遍存在，致使经济接收的组织涣散，百弊丛生，豪夺强抢、贪污盗窃、敲诈勒索比比皆是，老百姓愤怒地称之为"劫收"。

由于接收人员复杂，致使接收程序混乱，有的是中央军，有的是奉命而至的，有的是地方军阀，也有军统的特务（当然是未奉命的），甚至刚刚摇身一变的原伪军也参与强抢豪夺，导致重复接收，一劫再劫。

宋子文（前排右一）、陈诚（前排右二）等人在抗日战争胜利后步入南京国民政府办公楼。

许多国民党接收机关和接收官员，假接收之名，乘机大发"胜利财"。青岛敌伪产业处理局将价值50亿元的敌伪物资出售于上海、台湾，仅收回30亿元，其余20余亿元被私吞，从中可见经济"劫收"之一斑。

由于政治腐败，国民党接收机关中的官员，为了大发横财，以接收为旗号，竟然任意将民族企业、私人房屋指为敌伪财产而接收，甚至私人侵吞。军政部在强行接收徐州民有企业烟草公司和酱油厂时称："当兵的不能吃纸烟吃酱吗？谁说不属军用？"各地接收大员涌入收复区，每到一地，首先抢占房子、车子、条子（黄金），女子、票子（钞票），被老百姓讥讽为"五子登科"。

　　表面上看来代表政府的宋子文尽管没有出现"五子登科"的事，但聚敛财富却是行家里手。他的目光最先落到了东南沿海。于是，10月11日，宋子文带着"总裁谕令"偕财政部部长俞鸿钧、战时生产局副局长彭学沛等飞抵上海。

　　第二天，宋子文在听取了军政各方面接收情况的报告后，立即颁发通告："所有中央党政军各机关及上海市党政各机关，此次在沪办理接收敌伪各机关全体工厂仓库，以及一切财产、房屋、地产、汽车、船舶等项物资，截至10月12日止，应即编具详明报告，于15日下午6时前送中央银行三楼行政院长驻沪办事处，过期未到者，即随时编送报告。"这是明确告诉那些捷足先登者，把吞下去的肥肉再吐出来。宋子文肩扛"总裁谕令"，以快刀斩乱麻的手段，整顿混乱的接收局面，首先把全国经济中心的敌伪接收和处理大权纳入自己的控制之下。宋子文的招数显然灵验，上海的接收很快便被宋子文所掌握，如法炮制，宋又将其控制大权扩展到苏、浙、皖等邻近省市，截至1947年4月，苏、浙、皖区接收的敌伪财产总值约为1264808.8亿元，居各接收区之首。

设在上海的日本领事馆

　　江浙一带稳定之后，宋子文又马不停蹄地直奔平津地区。平津地区的工商业界对宋子文此行寄予厚望，他们希望尽早完成敌伪产业和物资的处理，使之能够为社会经济生活的正常化起到推进作用。当时《新中华》曾载文指出："……在此错综复杂的混乱局面中，北方人民不能从而获得健康与希望的建国远景。十字街头应当有一位真有指挥能力的交通警察来指挥这些差了盘的车辆，使之就范，这个有能力的警察，人民认为就是宋院长。"

宋子文到达北平的第一件事就是召集在平各军政主管长官及各部特派员训话，并成立行政院长办公室，设在居仁堂，任谭伯羽为主任。随后，宋子文登门找到桂系魁首李宗仁府上，寒暄之后，宋子文道明来意。"德公，此次奉总裁谕令到平，敌伪财产接收之事，还得仰仗德公鼎力支持。"

"宋院长亲莅北平，我怎么能不支持呢？会也开过了，有什么问题宋院长尽管说，我一定遵命。"李宗仁明知宋子文是来要权的，但又不能就这样痛痛快快地拱手让出，李宗仁在讨个说法。

"德公一向以党国大业为重，子文素来佩服莫名，既然如此，那就请德公把北平行营所属的物资清理委员会撤去，为统一敌伪产业的接收处理做个表率！"

大势所趋，李宗仁不想因这么点事翻脸，所以很痛快地拱手让权，这样一来，其他方面也不得不让步，使得平津地区混乱的接收局面为之一变，宋子文在平津地区的威望也顿增。

此后，宋子文又将触角伸到山东、华中、海南、台湾等地区，迅速聚敛起来的财富使得宋子文曾一度对经济局势踌躇满志，颇为乐观，对自己把握宏观调控的能力颇具信心。但当进入1946年后，宋子文明显地认识到经济形势的严峻。在1946年3月召开的国民党六届二中全会上，宋子文作了名为政治报告，实为"经济"检讨报告的发言，这是宋子文企图平息在国民党中开始滋生对他的愤慨情绪而演出的一幕。

宋子文在开场白后立即说到当前最紧要的、最严重的问题是经济问题。值得注意的是，在此次全会开幕时，蒋介石在致开幕词时说："经济建设与政治建设，又是密切相关的，政治问题得不到解决，经济建设就无法进行。"

显然，蒋介石在强调政治要放到最重要的地位，就像其在会中发言时公开宣布的："政治协商会议所决定的宪草（宪法修改草案）修改原则有若干点实在与五权宪法的精神相违背，这不仅各位已经感觉到，我个人也有同样的感觉……我绝不会抛弃五权宪法而不顾的，要就其荦荦大端，妥筹补救。"这段话明显的含义是推翻此前召开的政治协商会议，是个人独裁的叫喊，是一党专制的叫喊。那么是否宋子文的见解与蒋介石相悖呢？

其实不然，在"反共"的立场上蒋宋一致，宋子文的算盘是通过建立新的经济秩序强化国民党一党专制，实际上是与蒋殊途同归。

宋子文在谈到经济混乱的原因和责任时，没有一条一款与他个人有关，在谈到解决措施时，宋提出以三条为代表性的措施：一是谋收支平衡，裁军增税；二是整顿税收，处理敌伪产业；三是开办对外贸易，采用弹性汇率。

然而，这些措施是纸上谈兵，蒋介石实际上是把国民党六届二中全会变成了实现个人独裁、发动全面内战的一次会议。会后，蒋搬出他早年在江西"剿共"时的经验之作一《"剿匪"手册》，唆使一些文人武将进行修改，立即分发到各地，作为发动内战的思想理论武器，内战的阴云笼罩着整个中国。

本打算首先从裁军减费入手的宋子文再次面对从蒋介石那里像雪片一样飞来的军费支出，1946年预算所到的军费被蒋在短短的5个月里就支用完毕，宋子文不得不跑到蒋介石那里，郎舅二人再次因军费而争执。

"我这里平衡预算，可军费不到五个月就用光了（一年的），这样下去本来薄弱的经济还怎么入轨？"蒋介石誓言旦旦，"我知道，现在是困难了一点，军费用得多了一点，但用不了一年，顶多一年，问题就可以解决，国家统一了，经济才能步入正轨，这一点你我都清楚，必要时可以请美国朋友帮忙嘛，杨格（美籍顾问）不是说过要给我们20亿元借款吗？外汇市场如何？"

宋子文苦笑一声，"美国的借款还没有影，我现在是两手空空，通货膨胀已经很剧烈，美元、

蒋介石、宋美龄与美国总统特使马歇尔合影。

法币比价直线上升，看来这样下去只有大量动用黄金来换回法币。"

蒋介石信心十足，"目前是'勘乱'的紧要关头，时间不会太长，一切要以'戡乱'为中心，有什么办法拿什么办法……"

蒋介石所说的美籍顾问杨格，早在1946年初就许诺给宋子文美国将借

抢购黄金的上海市民

款20亿美元的空头支票，宋一度因这张空头支票而非常得势，为了迎合美国商人的口味，也为了换回法币的信誉，宋子文早在1946年二月份就决定开放外汇市场，并出台了管理办法，但应该注意到的是，这一切都是以空头的美援为依靠的。

在宣布开放外汇市场时，有人预言5亿美元准备金三个月内就将用竭，尽管宋子文矢口否认，认为"绝对没有枯竭的危险"。但这种悲观的预言却不幸言中，所谓的5亿美元准备金一开始就没有落实，可动用的库存美元只有3.5亿，这种准备金不足本身就存在着很大风险。

恰在此时，美国的马歇尔穿梭于国共双方，调停谈判，人民对此寄予厚望，外汇市场因而比较稳定，外汇官价与黑市价相去不远，外汇供应较为充足，加上实施黄金配售，外汇市场维持了三四个月的稳定局面。

好景不长，随着蒋介石全面发动

大幅贬值的金圆券

159

内战，马歇尔调停失败，物资迅速暴涨，大量的物资被消耗。在外汇市场，官价依旧，导致了大量洋货的涌入，外汇资金濒临枯竭。在这种情况下，宋子文一方面改变汇率，一方面取消出口税、提高进口税，甚至明令40余种商品禁止进口。宋子文的目的是试图缓解外汇市场的压力，但随着同年11月"国大"召开后，内战的进一步扩大，人们对和平的前景已不抱任何幻想，对国民党当局稳定经济的能力也失去信心。由于物价与外汇市场距离相去甚远，洋货通过各种渠道不断涌入，于是首先在上海地区出现了严重的走私和套汇现象。直接的后果是美元兑法币汇率直线上升。这种情况下，宋子文不得不大量动用黄金来换回法币。其实早在抗战后期，孔祥熙就曾以抛售黄金来收缩法币，宋子文就任行政院院长之后，曾下令停办法币折合黄金存款，这一时期由于官价高于市价，波动不大。到1946年2月时，黄金黑市价格上升，终于超过官价，黄金成为抢购对象，中国银行正式宣告停售黄金。

面额100万元的金圆券

这次开放黄金市场，本来宋子文有他的如意打算：国库巨额超支，用黄金和物资收回已发行的通货，使市场趋于平稳，为恢复经济做铺垫。应该说宋的想法没有错，但他没有估计到的是：当通货膨胀到了完全失控的时候，当人们对政府经济控制能力产生怀疑时，市面必将出现对外汇和黄金的异常需求，政府必将捉襟见肘，无法应付。

事实也正是这样发展的，当1946年11月公布施行进出口办法后，外汇市场立即发生恐慌，黄金价格暴涨，至12月，一下子升到400万元，而黄金的上涨，又带动美钞、股票、香烟、纱布等商品的价格猛涨，使得中央银行不得不大量抛售黄金。仅12月23日这天，就抛售了5吨之多（合16万市两），虽然曾使价格一度回落到 320 万元，但这一局面并未维持多久，黄金价格很快又回升，到 1947 年 2 月，竟涨至 609 万元，上海中央银行的库存即将告罄。虽然宋子文立即将重庆的库存运往上海，但仍无法应付抢购的浪潮。雪上加霜的是，当重庆造币厂熔铸的金条在上海露面时，人们立即认为中央银行存金枯竭，人心大乱，物价更是成倍增长。

国民党的政客和军阀正是利用这个机会大发了横财。许多军阀将领在领到军饷时不发，将军饷运到上海来抢购黄金美钞。一些军阀因争夺交通工具而内讧，甚至武装冲突。更有甚者，在发售黄金的同时，宋子文还发放巨额贷款，美其名曰"生产贷款"，但谁都看得到，只有与四大家族有密切关系的企业才能得到所谓的"生产贷款"，那些获得贷款的资本家，利用"生产贷款"抢购黄金、美钞。中央银行上午发出的"生产贷款"支票，下午即在抛售黄金的收款中回笼是司空见惯的事。

眼见形势控制不住，宋子文便跑到妹夫那里要求辞职，宋子文很无奈地对蒋说："照目前的情况看，事态恐怕很难控制住，我是无能力再干下去了，我准备辞职。"

蒋介石虽然刚刚在背后骂宋子文是"败家子"，但人前却是另一种表情，他尽量表现出诚恳的样子，"子文兄，时局很紧张，现在是紧要关头，职是不准辞的，前方的百万大军都靠你。"

"靠我有什么用，我也没有办法。"

"办法由你去想，至于黄金，能用到哪一天就用到哪一天，用完再说。"

就这样，宋子文不得不再次强打精神支撑，但支撑到 1947 年 2 月 8 日，宋子文只得命令中央银行停止销售，2 月

20 世纪 40 年代后期，在上海街头执法的警察。

161

15日正式宣布停售黄金。

灾难性的后果终于爆发了，全国许多大中城市接连几天食米有价无市，恐慌的市民群起捣毁米店夺米，多数银楼也被捣毁。因无米饿死者日众，黄金风潮震撼了整个国民党统治区。

黄金风潮的爆发，直接导致了宋子文的下台。

仅就国民党内部而言，政学系、CC系等派别，利用各种媒介对宋大加攻讦，此时的蒋介石也人前背后骂宋子文，明眼人看得出蒋准备丢车保帅。

2月15日，《世纪评论》发表了傅斯年的《这个样子的宋子文非走不可》的长文，犹如一石激起千层浪，成了倒宋的檄文。

文章开头就提出，国民政府政治上的失败不止一事，但用这样的行政院院长，前有孔祥熙后有宋子文，真是不可救药的事。随后，文章分析了国民党面临的严重形势，提出"要做的第一件事便是请走宋子文，并且彻底肃清孔宋二家侵蚀国家的势力"，否则政府必将垮台。

在五个方面对宋子文"最荒谬之点"进行尖锐攻击后，文章大呼："国家吃不消他了，人民吃不消他了，他真该走了，不走一切垮了。"

紧接着，国民政府监察院举行紧急会议，决定彻底清查黄金风潮酿成的情形和责任者。一些监察委员在会上慷慨激昂地说："这次的查案，监察院必须下决心'打老虎'，不要只拍'苍蝇'，经过紧张的调查，监委们发现这个案子不仅仅是中央银行总裁贝祖贻等贪污的问题，事情直接牵扯到宋子文和蒋介石。虽然抛售黄金有备案可查，但停止抛售黄金，引起风潮，事先并没有财政部或行政院向最高国防委员会议提出报告，通过讨论决定。"

著名学者傅斯年

　　贝祖贻的答复是奉宋之命，而当监委们询问宋子文时，宋将此事推给蒋介石，他说："停售黄金是奉主席的口头指示，我不过是奉命行事。"

　　宋子文还自我辩解说："至于事先没有提出讨论，一来事情急促，二来主席的意思，大家也不会另有什么好办法。徒然引起一些无谓的争论，暴露国家机密，影响戡乱大计。主席为国家元首，所以由他决定行事，现在责任落到宋某身上，我反正是奉命行事，我的能力不行，我已向主席提出辞职，一切听上面决定处理。"

　　宋子文这段话实际上是将责任推到了蒋介石身上。正是由于蒋介石急于发动内战，解决百万大军军饷，才酿成这场经济、政治的全面危机，这也是国民党即将退出在大陆统治的前奏曲。虽然蒋介石应对这场危机负主要责任，但宋子文作为外汇、黄金政策的主要制定者，作为行政院院长，其酿成风潮的罪责是怎么也推卸不掉的。

蒋经国开展的"打老虎"整肃运动

　　为了证实宋子文的话，监委给蒋介石拍去了一个电报："此次中央银行停售黄金，事出突兀，致引起风潮，动摇金融经济。据宋院长称，停售黄金系奉钧座指示，确否祈赐电示。"

　　电报发出一个星期，却杳无音信。

　　监委们找到国民政府文官处查询，答复是"主席批是批了，不好复电"。监委们这才看到蒋介石的批复是："并无其事。事到如今，有何办法！"

真是令人啼笑皆非，按理说，"并无其事"就应该追究责任，"有何办法"却明摆着要不了了之。前面说过，主要责任应由蒋介石来负，但他怎么会打自己的嘴巴，虽然蒋对宋把事情弄得一团糟也恼怒万分，但这种关键时刻还是庇护宋子文，反映了他们郎舅的微妙关系，至于是否如宋氏所言，蒋介石曾口头命令停止抛售黄金就不得而知了，恐怕这桩悬案只有他们二人最清楚。

蒋介石庇护宋子文，但众怨难平，丢车保帅势在必行，这一点宋子文也当然清楚。倒宋的狂潮并未因蒋对宋的有意庇护而停止。

调查此案的监委们鉴于这种情形，决定对宋子文、贝祖贻提出弹劾案，向民众有所交代。他们打破了过去弹劾案的处理程序限制，将调查报告书正式公布，并发动立法院召开临时会议。

以孙科为首的立法院立即召集宋子文、贝祖贻到会报告，各种派别汇集的立法院根据监察院的报告材料，提出了许多尖锐的诘责与攻击，当然这里既有正面的质疑，又有抱着驱宋、倒宋为宗旨的派别争斗，大有群起而攻之的势态，弄得宋子文无法答复，面红耳赤、气呼呼地离开。

事情并没有完，继监察院和立法院之后，国民参政会也开始向宋子文和贝祖贻提出质询。同时，CC派更是大张旗鼓地利用新闻媒介对宋大肆攻讦，一时间弄得沸沸扬扬，使宋子文十分狼狈，倒宋的风潮已是势不可当。

傅斯年继《这个样子的宋子文非走开不可》之后，又接连发表了《宋子文的失败》《论豪门资本之必须铲除》两篇文章。傅认为，宋继孔祥熙之后，压低外汇价格，便宜权贵，是在彻底毁坏中国经济，彻底使全国财富集于私门，流于国外。

傅斯年作为五四运动时期的风云人物，是视宦途名利淡泊的大学者，在知识界、政界享有威望，他的文章在知识界、政界，乃至经济界不胫而走，在人们的心目中，宋子文已不是走与不走的问题，而是以什么方式走的问题了。

宋子文心里十分清楚自己是必须得走人了，于是他提出辞呈，1947年3月1日，宋的辞呈被获准。当天，宋子文向立法临时会议作了财政情况的报告，在报告中宋强调说：

"以前本人在财政部的时候，从消极方面，对于国库负有忠实看守之任务，凡一切不必要的支出，必断然予以拒绝……政府对于收入方面极为有限，但为应付各方开支要求起见，不能不仰仗于增加发行。本人深悉此种途径，足以引起可能之严重形势，因此本人和同僚们，日夜为这个问题担心，但各方面总以为本人是在拂逆他们的意志。如此忍受各方的责备，几乎只可以认为命运所支配……"

这一报告悉明显在为自己开脱，但也道明了宋的下台同他在财政上主张维持平衡，因而"一味拂逆他们的意志"有密切关系，这里的他们谁都清楚是指蒋，这从宋子文在当天与美国大使馆某官员的私下谈话中可窥见一斑。

宋子文对那位官员说："我决定辞职的原因固然有国民参政会、立法院及新闻界的猛烈攻击，但我明白这些表面现象意味着什么，委员长迟早会让我下台，莫不如自己主动一些。"

宋子文的一席话实际表明，宋在金融和经济政策方面招致的攻击，并不足以使宋离去，蒋介石的想法实际成了宋是否离去的标准，就连当时与宋子文并不和睦的宋美龄也对美国大使司徒雷登谈到，"他们把我哥哥当替罪羊了"。

应该看到，虽然宋子文极有才干，而且又与蒋介石是郎舅关系，但宋子文在黄金风潮中所扮演的角色使他难以令蒋介石"愉快"。还有一层原因，宋子文恃才自傲，与蒋性格迥异，使蒋感到难以驾驭，人前背后宋曾多次对蒋微言啧语，公开表现不满。所以蒋才决心让宋离去，这就是为什么蒋的周围身居要位的许多"常败将军"和"糊涂官"反而青云直上，而宋在这次风潮中却从政坛顶峰跌落下来，因为蒋需要的是"听话"的人。以蒋的为人，若不因宋与之有姻亲关系，恐怕早就中途换马了。

最有力的佐证是与蒋宋二人交往甚多的老资格外交家顾维钧。顾曾分析说："宋子文辞职除了经济方面的近因，后面还有蒋介石与宋子文长期以来个性冲突的原因……他们之间存在着一种互相排斥的力量，两人个性都很强，似乎双方都感到难以同对方顺利合作，彼此之间的分歧是冰冻三尺非一日之寒。"

宋子文是离开了，但国民党的腐败并未因走了宋子文而改变。宋子文也并未因此而销声匿迹。经过短暂的沉浮，宋子文再一次走到台前来，只不过已不像以往那样在政坛举足轻重了。

二、虽然从政坛顶峰跌落，蒋对宋子文依旧青睐；
偏于东南一隅，宋子文继续为虎作伥

宋子文去职行政院院长，接连又失去了其他一些职务：行政院绥靖区政务委员会主任，中央、中国、交通、农民四银行联合办事总处理事会副主席等兼职。在 1947 年 3 月 24 日召开的国民党六届三中全会改选中执会常委中落选。

但这一切并不意味着宋子文政治生涯的结束，正如中央银行副总裁陈行所言："问题还是反宋子文的问题，不管怎样，宋子文总是蒋介石的郎舅，不会让他下不去，今后还是要用他，我们犯不着做恶人。"

宋子文垮台后，蒋介石任用了政学系方面的张群出任行政院院长、张嘉璈出任中央银行总裁。起劲推波助澜的 CC 派没有捞到什么好处，对此十分不满。于是，在随后召开的国民党六届三中全会上，CC 派中央委员黄宇人等 100 人临时提案："请政府迅速切实惩治金潮案负责人宋子文、贝祖贻及其部属，并彻查官办商行账目，没收贪官财产，以肃官箴，而平民愤。"他们指出，宋子文系统的孚中公司、中国建设银公司，"有利用特权，套购巨额外汇，输入大量奢侈品情事。"

CC 派的原意是借攻击宋，给政学系来个下马威，但蒋介石却站了出来，在会上说："宋子文并不贪污，如果说见了贪污而不查，这是我的责任。"这样一来，许多人便见风使舵，CC 派再无力施为。被人们戏称为"大炮"的黄宇人不满地说："我们不明白为什么总裁总爱代人受过。"经此一波，宋子文在 3 月被国民政府授予"大同"勋章。4 月 18 日，宋子文又在改组后的国民政府中被选为国民政府委员，这是宋子文可能东山再起的迹象。

在随后的几个月时间里，宋子文不断被讨伐"豪门"的报刊舆论曝光，

20 世纪 40 年代末，上海街头五色杂陈的待售招贴画。

但有惊无险，最后不了了之。1947 年 7 月 26 日出版的《观察》周刊曾发表储安平《政府应对纽约下午报的攻击采取步骤表明态度》一文，引述了 7 月 1 日美国《纽约下午报》所刊文章的一段话："蒋主席之姻亲能获得二万五千美元之外汇以输入化妆品，而化妆品为中国政府所颁布之紧急经济措施中所严格禁止入口者……中国豪门第一家，即蒋夫人之昆仲及远亲等所办公司，则能藉其与政府之关系获得特权，并向在中国历史悠久之美国公司之经销商人勒索。豪门利益之支派不胜枚举，例如宋子文之弟宋子良及孔祥熙所办之孚中公司，宋氏兄弟皆蒋夫人之手足……"文章提出：彻查国民政府购料机关自胜利以后自国外购人器材用品之全部单据，政府应彻查此种明令禁止之奢侈品究由何人在何种方式输入，应即公布自胜利以来核准外汇之全部情形，查究文中所举豪门有无"藉其与政府之关系"获得"特权"，以及获得特权的内容与性质。但由于《观察》周刊未披露更具体的内幕，所以国民党当局并不加以理会。

但几天以后，南京的《中央日报》刊登了宋、孔两家族利用特权

20 世纪 40 年代后期的上海街头

大量结汇、购买国外汽车进口的惊人消息：自 1946 年 3 月至 11 月的 8 个月间，孚中公司共结外汇 153778723 美元，除该公司自有及售出者外，净购 113330731 美元，同时购进大量的汽车、无线电设备等物品；扬子公司结汇 334469792 美元所进物品很多属违禁品。

由于《中央日报》系国民党当局的官方报纸，报道中称孚中、扬子公司案系"最高当局特令财政部、经济部会同严查"，而且是"自财政方面某高级官员处获悉该项调查报告"。所以，这则报道被视作一场政治风波的前兆，也就是 CC 派准备向孔、宋"豪门"发起新一轮的讨伐，因为谁都知道 CC 派控制着国民党的宣传媒介。

蒋介石看到报道后大为恼火，立即将陈立夫叫去大骂了一顿，让其立即想办法补救。经过一番幕后活动，两天后《中央日报》刊出启事，称该报所载孚中、扬子及中国建设银公司结汇数目的报道"本报记者未见财政、经济两部调查报告之原件。故所记各节与原件有出入之处，本报记载各公司外汇之数目有数处漏列小数点。"这样经过"补救"，把孔宋二家公司利用特权结购的外汇数额，一下子减去了 3 亿多美元，减去了原数额的 90%，一场政治风暴被"小数点"轻而易举地化解了。

这场风波过去之后，蒋介石将宋子文叫去，与他当面商谈准备让其复出，蒋对郎舅依旧青睐，但明显的是政府各机构是无法再干下去了，蒋对宋子文说："中央有人揪住你不放，嚷嚷得很厉害，有些人想利用这个机会，我准备请你先去台湾，那里百废待兴，由你来负责那里的复兴大计我是放心的。"

"我不想去台湾，我看好广东，我准备在那里重新开始，我熟悉那里的环境……"

意见相左，二人并没有达成共识，宋子文离开后，找到了司徒雷登，谈到了自己的想法。

"总裁想让我去台湾，我对那里不感兴趣，我觊觎的是广东，那里将是我的新起点。"见司徒雷登有些疑惑地看着自己，宋子文进一步解释说："历史上的革命通常是从那里开始的，并逐步扩展到附近省份，那里有基础，我相信总裁最终会同意我的意见……"

果不其然，蒋介石最后同意宋子文入主粤政。在 1947 年 9 月召开的国民党六届四中全会上，宋子文再次被选为中执会常务委员，会议期间，宋子文宣布向中央党部捐出他在中国建设银公司的股份，据当时新闻界披露，约合法币 5000 亿元。蒋介石在会上称："外闻近来对宋委员子文有所污蔑，现宋本人愿将其在中国建设银公司之全部股份捐出，以供抗战及'剿匪'殉难党员家属救济基金之用，希望大家能效法他。"

随后，在国民党中常会上，宋子文详细报告了中国建设银公司的经营情况，并称自出任行政院院长后"即将从前所有商业关系全部解除，原任职务悉数辞去……"他还特别声明，"银公司自抗战胜利后仅向中央银行请得美金八百七十七元，为购买打字机等用，为数之微，几令人不能置信……"

这一番掩耳盗铃，是宋有意抹去自身的"豪门""权贵"色彩。蒋介石则在公开场合"表示欣慰，希望全体党员效仿宋委员"。

就在宋子文捐款后的一个星期，国民党行政院便通过了"宋子文为广东省政府委员兼主席"的任命案。

为了任命宋子文，国民党行政院于 9 月 20 日召开了一次临时政务会议。那天会议，虽然最先通过了其他几项议案，但都只不过是宋案的陪衬。行政院院长张群 20 日一早便飞往东北"公干"，会议由副院长——宋的旧部王云五主持，出席会议的政务委员 22 人，当宋子文主粤案提出时，全场立即一片哗然，多数人面面相觑，交头接耳，只有少数政务委员看上去胸有成竹。讨论时，一些人明确表示不同意，一些人表示同意，争论不休，会场秩序大乱，王云五只得提议表决，结果此案以 9 票对 8 票一票之差而通过。

这一下使国民党朝野震动，都感到"突然"和"惶惑"，《周末观察》刊文说："这不是豪门开放第一声，而该是豪门再起第一声。"

任命案通过的第二天，"宋子文主粤政"便成了各地报纸的头条新闻。但在国民党中央的政治会议上，在监察院的会议上，许多人不肯就此罢休。

9 月 24 日，国民党中央最高决策机关中央政治会议开会，当主席孙科提出追认行政院决议案时，许多人站出来反对，张道藩对在座的行政院秘书长甘乃光说："依照程序，国民党员出任政府要职时，应先经中央政治会议通过，为什么我们还不知道就任命了？为何此案事先不送中央政治会议通过？行政院讨论时，既然有党员多人反对，为何不尊重他们的意见？"

张道藩与蒋碧薇

甘乃光怎能不知道程序，但他无言以对，只得默不作声。此时，张厉生站起来对众人疑惑地说："宋子文虽然出任过行政院长，但是否是一位胜任的地方官之才？谁能保证？这样的事，我不同意追认。"

反对者相继表示不能同意追认，最后，孙科苦口婆心，多方劝解，劝大家顾全大局，才平息了风浪。不过反对者强烈要求"下不为例"。

与此同时，监察院的监委们也向国民政府提出，任命宋子文任广东省主席是"政府忽视监察院的权力"。因为"宋子文在辞去行政院长职务期间，监察院对宋在其任内的作为提了一个颇为严密的弹劾案，并请政府将宋氏交付惩戒，而现在非但无任何'惩戒'，反而又任新职，这是监委们无法接受的"。监察院忙着推举人草拟建议书，呈请当局对宋氏的这一任命重新考虑，当然，这只是他们一厢情愿罢了，当局是不会"重新考虑"的。

新闻界中的《中央日报》和上海的《大公报》对宋子文大唱赞歌，说宋氏如今愿出任地方官，这种不论地位的风度，堪与宋朝寇准以宰相出任知州一事相媲美，宋是位能干的官，等等。

但大多数的报纸则对宋进行了无情的抨击，南京的《华夏》《救国》《南京》及《中华》等报均先后撰文对《中央日报》和《大公报》冷嘲热讽，他们认为宋子文出任是"卖官鬻爵"的产物，宋氏过去为官毫无政绩可言，政府不应再用，宋氏重作冯妇，屈尊主粤，是一件惶惑、滑稽、令人感叹和失望的事。

但种种的反对都不能阻挡宋子文赴粤主政，因为国民党的大权掌握在蒋介石的手中，进退择取要看蒋的意图，反对论调只能作为花絮存在，不能从根本上动摇宋的地位。1947 年 10 月 1 日，宋子文正式赴粤就任国民党广东省政府主席。尽管国民党营垒内部对宋子文入主粤政多有微词，但宋子文不但稳坐其位，而且还陆续被任命为国民政府主席广州行辕主任及广东军管区司令；第二年 8 月出任广州绥靖公署（原广州行辕）主任及兼任广州区经济管制督导员。

宋子文赴粤之际，正是中国进入两种前途的决战阶段，国民党在大陆的统治已岌岌可危了。刘邓大军挺进大别山，像一把钢刀插在蒋介石的咽喉上，而中共在东北的迅速发展更是令蒋介石寝食难安。宋子文到广东不久就对美国驻广州总领事鲍克谈到，他对华北的局势感到不安，如果中共越过长江，那将是势不可当的，整个局势让他感到沮丧和悲观。

1947 年底，宋子文在会见英驻华大使施谛文时表示，中共越过长江的可能性很大，对局势他持悲观态度，基于这种认识和判断，宋子文还是在努力地为国民党寻求出路。

尽管宋子文对南京中央政权的现状不满，认为蒋介石身边多是无能之辈，中央政府军实际上已无斗志。但宋还是曾幻想成立一个以蒋介石为首的，由实业界和工商界人士组成的智囊团，实际看来，宋依然没有跳出独裁专制的窠臼。基于这种想法，宋子文在广东进行了一番苦心经营。

宋子文主持粤政后，曾多次强调"治安"的重要性，被宋视为危害治安的"匪患"不仅是不堪忍受地方政府压迫和剥削、铤而走险的农民，还有中共领导的武装游击队，其活动地点遍布十个县市，而且是"越剿越多"。

宋子文在此情况下增编 5 个保安团，成立 11 个保安营，按中央建警方案改组各县市警察局。与此同时，宋极力拉拢地方军界名人，请他们担任各区的绥靖专员，但由于国民党中央对地方的收编向来是无信用可言，所以这些人不肯将自己掌握的真正实力交出。不久，宋子文又煞费苦心地拉拢了余汉谋及旧川军宿将，终于确定了广东下属 9 个区的行政专员兼绥靖区指挥官人选，最高统帅由自己掌握。虽然宋苦心经营，但收效甚微。在"治安"方面，广州人称"强盗""歹徒"已打劫到了"宋子文的邻里""警察局的对门"；"剿匪"方面，宋子文誓言旦旦一年可肃清，但一年后，"匪众"反而由一万多人增到三万多人。省参议会感到啼笑皆非，在第五次大会宣言中指出："……如此'剿匪'，将愈剿愈多，如此戡乱，将愈戡愈乱。"这是对宋氏"治安……剿匪"的绝妙讽刺。

宋子文不仅在"'剿匪'……戡乱"方面费尽心机，而且在拉拢国民党民主人士方面也是竭尽全力。初到广东，宋子文即赴香港与蔡廷锴晤谈，要求蔡到广东出任政府要职。时蔡廷锴已是著名的南京政权反对派领袖之一，宋着意拉拢蔡原想左右逢源，进退裕如，但不料蔡未许诺。从宋的想法不难看出，基于宋对华北和东北局势的悲观认识，基于宋预料到中共可能突破长江南下，他是想通过重建广东，使之成为抵御中共的堡垒。也就是说，宋子文入主粤政，并非外间传闻的"献金捐官"，而是有为南京政权预备后事的重大作用。至于宋敢公然拉拢蔡，很可能是已得蒋的允许，授予他"便宜行事"的权力，即在特定形势下可以与国民党在野势力、地方势力达成妥协，使之能为国民党政权所用。至于宋是否有通过广揽在粤的实力人士，可以在蒋介石后的国民党各种政治力量的新格局中，使自己有举足轻重的地位的想法，目前尚找不出有力的佐证。

1948年1月，中国国民党革命委员会宣告成立，宋子文再赴香港，与主要领导人李济森、蔡廷锴会晤，并向蔡、李二人谈了他的经济计划，提出请蔡参加广州政府。李、蔡二人通过商议，认为宋子文是在注定要失败的国民政府的政策范围内行事，在广东的成功机会微乎其微，注定要失败。于是二人提出与宋合作的前提是宋脱离南京政府，不再执行南京方面的政策，被宋拒绝。道不同自然不相与谋，但宋仍不死心，在1948年2月同李、蔡二人的密谈中表示：南京政府很可能在3个月里垮台，他希望在蒋失去权力后与李、蔡二人合作，但由于双方在对待国民党政权、中共和其他重大问题上存在很大分歧，终于未能实现合作。

宋子文来到广东后，还"积极"地在整理财政和金融方面采取措施，但此时所采取的一些措施不外乎拍卖广东资源，扩大官僚资本对工业的独占，扼杀民族工业的发展。

早在罗卓英任广东省主席时，就曾想出卖海南岛资源，但由于海南岛闹建省，所以才迟迟未敢动作。宋上任后，立即打消了海南建省的计划，并同美国西南钢铁公司经理高谈开采海南铁矿问题。此外，宋还准备允许美国在广东投资经营煤气、煤矿、汽车、造船等工业及开港、筑路等项目，但这一切还没有来得及实现，便由于人民解放军的迅速进军和广东人民的英勇斗争而流产。

上海学生大规模反内战示威游行。

宋子文在粤主政16个月，首先控制了广东实业公司，利用手中的权力控制了广东糖业、纺织业、造纸业、水泥业的大部分，并利用宋氏家族的权势及巨额资本，乘1948年通货膨胀之机，大炒金钞，套购外汇，操纵市场。使官僚资本企业获得巨额利润，而民族资本则先后倒闭。宋子文统治广东半年时，广州工业倒闭1/3，1/3停产，能勉强开工的也是朝不保夕。这种惨淡经营只能使国民党在广东的统治越来越失去民心。

"无边落木萧萧下，不尽长江滚滚来"，正当宋子文准备在广东建立"反共"的最后堡垒时，远在西柏坡的毛泽东及他的战友们，已经开始酝酿彻底击垮国民党的三大战役。在1948年11月2日结束的辽沈战役中，国民党在东北一败涂地。其后，国共双方在徐州拉开战场。宋子文对此还曾在广州宣称：对于战局，"本人具有绝大信心，徐州此次大捷，国军已转守为攻，尤以黄百韬兵团官兵多属百粤子弟，此次大战转

南京学生举行反饥饿、反内战示威游行。

危为安，我粤同胞实同感荣幸。"虽然宋子文知道国民党政权会最终失败，但还是积极地站在蒋介石的一边，大敲边鼓，暴露了他决心与人民为敌的反动本质。具有讽刺意味的是，就在宋氏话音落地两天后，黄百韬的第七兵团便在碾庄全线崩溃，所部 5 个军 12 万人全部被歼，黄本人被击毙，宋的乐观估计破产。不久，淮海战役结束，国民党精锐的机械化部队 5 个兵团 22 个军，共计 55.5 万余人被歼被俘。1949 年 1 月中旬，北平、天津相继被中共攻占，三大战役的结束，标志着国民党赖以维持其反动统治的主要军事力量已不复存在。在此情况下，宋子文已清楚地知道国民党政权彻底土崩瓦解已为时不远，尽管在蒋介石看来，宋子文在广州的作为可靠，但毕竟无力挽回大局，因为这并非几个人的事，而是整个国民党的腐败使然。而此时，蒋介石与桂系李宗仁的明争暗斗更是白热化，在国民党竞选"总统"、"副总统"的争斗中。李宗仁和他的幕僚们经过努力，终于当上了"副总统"，像把刀插在了蒋的胸口，蒋此时亦是处于内外交困之中。

中国人民解放军占领南京总统府

看到大时局已无法挽回，宋子文向蒋提交了辞呈。在这以前，1947 年10 月的《中国人民解放军宣言》提出："没收蒋介石、宋子文、孔祥熙、陈立夫兄弟等四大家族和其他首要战犯的财产"；1948 年 12 月 25 日，中共权威人士发表的声明中提出了 43 名战犯，宋子文名列其中。

1949 年 1 月 12 日，宋子文的辞呈被准，他的广东省政府委员及主席职位由薛岳继任，广东绥靖公署主任由余汉谋继任，恰恰在这一天，蒋介石在安排完一切后，把"总统"的宝座让给了李宗仁，由李代"总统"。蒋宋"共进退"，表面上看来是失势，但实际上谁都明白国民党的实际大权都操纵在蒋的手中，而宋子文也没有真正退出政治舞台。

1949 年 1 月 28 日，宋子文被中共列入必须立即动手逮捕的"最主要的"内战罪犯名单，其位仅列于蒋介石之后。而此时的宋子文的"反共"立场是很死硬的。1949 年 3 月底，国民党军事败局已定，中共与国民党当局

宋子文及夫人张乐怡

的代表在北平会谈。对此，宋子文自称对中共"不抱幻想"，认为"天津方式"与"北平方式"的区别，只是"被打败的和平"同"投降的和平"之分，因而鼓吹继续进行军事斗争，以反对中共的军事进攻。而且他还进一步提出，要把华南、西南各省都建成抵御中共的堡垒，如同他在广东经营的那样。但青山遮不住，毕竟东流去，尽管宋子文"反共"立场死硬，但国民党在中国大陆的反动统治结束是历史的必然。

1949 年 4 月，宋子文受蒋的委托视察台湾，以便从政治、军事、经济方面拟定出抵御中共进攻的方案。宋的密友，曾任司徒雷登私人顾问的傅泾波曾评述宋子文说："T.V 这些日子对蒋先生的态度可以看出，蒋先生在台上的时候，T.V 有许多地方不能同意，甚至反对他；但蒋先生下台以后，T.V 却绝对支持他，在他的脑子里，假定中国要'反共'，即非蒋先生来领导不可。"的确，宋子文在中国大陆的最后政治生涯中，已成为国民党营垒中企图阻挡历史潮的最顽固派了。

当然，宋子文也十分清楚他的一切"努力"都是徒劳无益、于事无补的，他早已准备好了退路。当人民解放军百万雄师陈兵长江北岸时，宋子文即

偕夫人张乐怡逃往香港，在香港卜公码头登陆时，宋子文身着双排扣西装，戴翘边帽，手中拿着他心爱的手杖。值得注意的是，在他的西服翻领上有两排国民政府及国民党的勋章。他的朋友疑惑地问他为何如此炫耀，宋阴板的面孔中露出苦笑说："这恐怕是我一生中对外显示国家勋章的最后一次了。"

在谁都料到台湾将会有个小朝廷时，宋子文此番话的含义可以说已表明了他不去台湾的想法。

宋子文在香港住了一个月有余，又突然返回了广东他的高级住宅区东山，由于路上被人发现，新闻媒介立即发表了种种猜测，有说宋是回来建立华南集团的，以促请蒋来粤，准备东山再起，也有猜测宋是纯为私利而来。

宋来广东的次日，孙科也由上海飞往广州，二人进行了长时间的秘密接触，据传闻可能是蒋授意的。3月27日，宋子文经宁波转道溪口，与在野的蒋介石相晤，这是蒋宋二人在中国大陆上最后一次见面。随后，宋子文返归香港，在当晚接受法国新闻社记者时，宋子文称，他不久即将赴法疗养，现在已脱离政治活动，外闻种种传闻都没有依据。

然而同一天，《香港虎报》则披露宋子文即将赴法是为国民党在欧洲购买军火，并将在巴黎与若干方面代表商议太平洋公约问题。种种迹象也表明，宋子文此时还在为虎作伥，继续顽固到底是确定无疑的。

就在宋子文回到香港不到一个月，人民解放军百万雄师突破被蒋鼓吹为"天堑"的长江防线，于1949年4月23日深夜解放了南京城，国民党政府土崩瓦解。5月16日，宋子文与妻子张乐怡及三个女儿逃往法国，不久，蒋介石也离开了中国大陆，蒋宋二人的关系史进入了残局。

第五章 残局查蒋宋

一、寄居他乡，宋子文梦里不知身是客；
偏隅台湾，蒋介石无可奈何花落去

正当人民解放军在大陆对国民党军队摧枯拉朽之际，1949 年 6 月，宋子文由法国逃到了他的最后目的地——美国。在宋走下飞机时，便有记者问其此次来美的任务，宋的回答是："此次来美系用普通护照，当然为了私事。"

但宋子文显然是不甘寂寞的人，他对台湾的事情还是留意的，特别是当他的得意部下，税警团出身的孙立人担任台湾防卫司令时，在台湾方面大肆鼓吹所谓"金门反登陆战"胜利时，宋子文兴奋的神经再次绷紧，在美国驻中国台湾"大使"为其举行的午宴上，宋便吹捧孙立人，说："在大陆约有 70 万国军游击队，他们将继续骚扰共产党；最近国军在金门的胜利，显示了孙立人将军与共产党作战的能力，也显示了这支部队的斗志，这支部队将被调回台湾，而实际上孙将军控制了台湾的地面部队，并得到委员长的支持。日前台湾的主要困难是防御部队缺乏足够的武器装备，孙将军的部队 6 个师接受美国训练、美式装备，另外 6 个师虽然受训，但无装备，只要美国方面能够提供 2000 万美元的军事装备，就可以加强台湾的防御力量……"

1952 年在台北县阅兵台上的何应钦、白崇禧、孙立人、陈诚（自左至右）。

但美国方面对宋的"高调"反应冷淡，而且美舆论界还对国民党当局不断乞怜的做法发表了很不客气的意见，并提出了孔宋"豪门"的话题。

宋子文并不死心，早在他来美后即同国民党政府驻美大使顾维钧商议，如何挽救国民党政府。

宋子文对顾维钧说："中国的局势已十分危急，蒋先生本来不想让我离开，但我想，国家兴亡，匹夫有责，我来这里是以一个公民的身份来尽自己的力量的。"

宋子文所指的"国家"不言而喻是国民党领导下的反动政府，是国民党一党专制、个人独裁的"国家"。

顾维钧与宋子文一起分析了国民党一败再败的原因，宋子文认为："军队缺乏斗志和指挥官的堕落是军队失败的主要原因之一。"

"我也有同感"，顾维钧赞同宋子文的看法，"而且许多将官们已经赶不上时代的要求，与中共的许多将官相比是不如的……"

最后，二人一致认为：军事形势——庞大的军事预算，指挥分散，纪律松弛——是造成中国许多麻烦的主要原因。二人商议，请陈纳德组织一支空军志愿队，请求美国派一个正规军队代表团，以挽救国民党军队的败局，由顾维钧先同陈纳德接触。

二人在给国民党"号脉开方"后，顾维钧即与陈纳德相商，并于7月24日向宋子文汇报说陈纳德想组织一支空军志愿队的计划，虽然遭到反对，但却给美国众议员和参议员以很好的印象。宋子文提出他电请蒋介石批准将此计划列入统一的援助计划。

宋子文立即与先期到美的宋美龄商议援助计划。早在宋流亡美国之前，四大家族的重要成员宋美龄、孔祥熙夫妇就先后飞赴美国。孔氏夫妇由于中饱私囊，鱼肉人民，臭名远扬，来美后，借口身体不好，很少参加社会活动，对蒋氏集团也漠不关心。宋美龄在蒋介石的多次鼓动下于1948年底飞往美国，蒋希望她能从美国那里获得大批的援助，然而，华盛顿对蒋夫人的到来反应冷淡。华盛顿没有铺红地毯，也没有邀请她在白宫过夜，更没有邀请她到国会讲话。美国总统杜鲁门用挖苦的口吻说："她到美国来是为了再得到一些施舍的。我不愿意像罗斯福那样让他在白宫过夜，我认为她不喜欢住在白宫，但对于她喜欢什么不喜欢什么我是完全不在意的。"

上海西式住宅内的豪华陈设

在许多官方场合，宋美龄都处于尴尬的境地。杜鲁门不仅没有给她面子，而且不客气地向报界发表一篇声明，透露美国向蒋介石提供的援助已超过38亿美元。

1949年8月，宋子文与宋美龄商议，向美国国会递交了经济和军事援助计划，要求美国给2亿美元援助并加一笔白银借款。随后，宋子文与美国出席联合国大会代表团成员杜勒斯晤谈，提出要谋求《时代》《生活》等各刊物发表文章促进援助。杜勒斯则答复说，虽然国务院的态度不太好办，但那么做没有必要。这次会谈给宋子文造成的印象是：国会将给中国某些援助。杜勒斯还向宋表示，赞成他的一揽子援助计划，即提供2亿美元的借款和向中国派出一个军事代表团。

但美国的军界、政界中的许多人士反对给蒋集团更多的经济援助，这使宋不得不再次强打精神向美政府求援。10月宋子文给流亡美国的蒋派出的"技术代表团"成员打气说，有一位与白宫很接近的政界重要人士，曾暗示想要一份美国如何能向中国提供有效援助的计划备忘录。按照宋的旨意，"技术代表团"拟订了一份很长的备忘录，叙述了如能获得美援，以西南各省为基地守住一条防线的可能性。想法是坚持一两年，以便赢得时间进行准备和等待世界形势的演变。

　　为了争取到美援，宋子文在备忘录中还为国民党在广州的军事失败做苍白无力的辩解，说这是以空间换取时间，保存仍在中国（即在台湾的蒋介石）手中的少量军事和财政实力。否则，在缺乏军事援助的情况下，消耗只能意味着抵御的早日瓦解。

　　与此同时，宋子文还一再地给流亡美国的蒋的亲信们施加影响，他说："局势迫使我们不得不行动，只得把死马当活马医。"

　　死马当活马医，明知无望而还在挣扎，生动地反映了宋子文逆历史潮流的反动本质。

　　种种的想法都是空中楼阁。美国国务院很快地对宋子文的备忘录做出反应。11月初，美国国务院表示"已坚决停止援华"。马歇尔将军也在一次宴会上明确表示：美国限于财力，不能承担帮助国民党战胜中共的艰巨任务。司徒雷登的代表傅泾波也说，白宫和国务院都对孔祥熙、宋子文、蒋夫人及他的家族有强烈反感。

　　美国的舆论界也对国民党当局的这种不断乞援的做法发表了很不客气的意见，并提出了孔宋"豪门"的话题。1950年5月1日，《华盛顿明星晚报》的专栏作家布朗在一篇文章中指出："台湾的中国政府与其请求美国国会的援助，不如动用中国私人存美的资产，蒋'总统'目前所极需安定金融、建设经济等等款项共约3亿美元，实在可

抗战后期蒋介石给魏德迈授勋。

由孔祥熙与宋子文两氏私人借款，不必再向美国纳税人民乞求。因为根据美国官方确切可靠的统计，孔宋二人在美国银行存款达5亿美元之多，从这中间借款3亿美元给蒋介石将军，决不会使他二人当真'贫穷'起来。何况以他们与蒋'总统'的关系，过去都曾任财政部部长、行政院院长的高官显位，荣辱同当，患难安乐共尝，于公于私都有贡献援助之义务。省得蒋'总统'

的政府为一点有限的美援，费尽九牛二虎之力向美国政府和国会申请，多方活动，还不断遭受误解与抨击。所以由孔宋等富豪来'援助'中国政府和他们的至亲蒋'总统'，实在是天经地义不过的！"

曾经支持过蒋介石的美国将军魏德迈也说："不要再派出像宋子文要求的那种正规军事代表团，过去在中国有 6 万美国士兵可以使用。现在这样的计划费用太大，国会不会批准。"

紧接着，他又说了句具有讽刺意味的话："派少量美国顾问，分配给每个中国师长，则所需费用不大，也许只需几百万美元，是可以做到的。"至于如何做到，魏德迈直言不讳地说：

"这笔经费让宋子文单独筹措就可以了。"在他看来，宋子文应该从私人财产中拿出这笔钱来。

这样，宋子文企图获得美援，以挽救蒋介石集团灭亡的梦想彻底破灭了。

就在宋子文忙于乞求美援的同时，还妄想亡羊补牢地组织"新内阁"。1949 年 7 月，宋子文在纽约再次会见顾维钧，经过讨论，二人都认为"组织一个其成员主要是美国熟悉的留美学者同时又掌握实权的内阁，是挽救国家的唯一途径。"在他们看来，只有这样才能使国民党取得全面的美援和合作。为此，他们还商议不惜以牺牲国家主权的方式获取美国支持，并说，"毋需害怕美国侵犯我们的主权，只要我们告诉他们或暗示我方意图，他们就会随时随地撤离。要得到美国的充分关心和甘心情愿的支持，就必须让美国分享控制权。"

至于他们研究的空中楼阁式的内阁人选，顾维钧主张邀请一部分知名、廉洁、自由主义的留美学者在蒋介石和李宗仁的支持下，组成一个"新内阁"，并在政府机构中使用若干美国顾问。他认为，这样的内阁会影响美国政府，只要合作两三个月，就会使美国当局认识到国民党真诚自救的决心。同时，顾毫不隐讳地说，为使这项试验能付诸实施，必须说服蒋退居幕后。

宋子文表示，蒋介石会这样做。"新内阁"的首脑人选，宋子文虽认为胡适最理想，但又认为胡不敢贸然尝试，必须另找人选。顾维钧提出由原上海市长吴国桢出任。宋又认为吴的威望和资历不够，至会谈结束，二人也投有商量出个结果。

恰在此时，《纽约时报》披露了蒋介石拒绝与在广州的李宗仁政府合作，命令在台湾的部队按兵不动，蒋认为大陆已无法防守。宋子文看到这篇文章后，立即叫顾维钧向这家报社打了个抗议电话。接着，宋子文立即表示，形势已不容拖延，如果胡适不就职的话，就让吴国桢出来组阁，而让胡任外交部部长。

随后，宋子文又马不停蹄地去向司徒雷登求援。这位出生于中国杭州的美国人，在国民党南京政权垮台时，"没有什么事可做，只好夹起皮包走路"（毛泽东语），在美国亦是形单影孤。宋子文的到来，似乎又给这位"中国通"注入了兴奋剂，听了宋的组阁计划，司徒雷登立即给其鼓劲，说这是个很好的主意。寥寥几语，使宋子文"备受鼓舞"。

在司徒雷登的支持下，宋子文着手草拟了"新的，自由主义的政府成员名单"，总计 50 人。宋将这份名单通过傅泾波转给司徒雷登，但得到的答复却是，美国国务院不信任蒋介石的军事领导才能，同时又认为宋子文软弱无力，蒋介石的专横个性使他黯然失色。最好请蒋交出政权，出洋考察。这番话，犹如一盆凉水浇到宋子文头上，使之大失所望，不得不重新考虑那份名单。

亡羊补牢，于事无补。10 月 2 日，宋子文等人在美国听到了中华人民共和国中央人民政府在北京成立的消息。苏联已承认新中国，随之，许多国家也承认新中国，宋子文企图组成亲美卖国的"新内阁"的梦想彻底破产。

梦里不知身是客，宋子文到美时，正是国民党内部蒋介石与李宗仁集团矛盾白热化之时，蒋介石虽然下野但仍握实权，李宗仁虽然到广州继续任代总统，却无军、财大权。蒋以国民党总裁的身份在马公岛遥控广州政府。

宋最初想调和蒋李的矛盾，以延续国民党政权在大陆的统治寿命。在美国，他着重协调蒋、李在美代表的活动。宋子文在会见李宗仁派往美国的代表甘介侯时说："值国家存亡之秋，希望蒋先生与德邻公能携手合作，亲蒋派与亲李派齐心协力，而不应相互拆台，希望你不应效忠德邻公，反对蒋先生……"但甘介侯根本不听宋子文的那套游说，他明确表示不愿与宋子文合作。甘介侯在华盛顿积极活动，请求美国支援广州政府，并游说，李宗仁、白崇禧尚有一定的战斗能力。尽管宋子文此次赴美没有正式官衔，但在美国的国民党官员都明白,他的行动代表蒋介石,代表他们藕断丝连的家族利益,所以当甘介侯独自行动时,他们都看到了宋子文忧心忡忡的表情。

前面说过,宋子文拟订了乞求美援的计划,美国当局对国民党蒋与李的代表各自为政也颇感头痛。美的一些参议员曾建议甘介侯与顾维钧联合签署一份全面援助计划。但宋等人不愿与甘介侯共同签署,决心与甘介侯分道扬镳。

恰在此时,美国的新闻界公开报道了蒋李矛盾的现状。有消息说,蒋推荐任命他的亲信汤恩伯为国民党军队"东南剿共司令部"的总司令,被李否决,有的消息则更为深层次地披露了蒋李之间的裂痕。

这些消息无疑令宋子文对所付出的一切"努力"的前景感到悲观,虽然他多次劝胡适、顾维钧等人给蒋、李二人发电报,力劝他们携手合作,但这些自然是徒劳且收不到什么效果的。11月21日,香港报纸报道,李宗仁到达香港,有记者说,李的香港之行是因为已和蒋彻底决裂,并将组织一个既反共又反蒋的新政党。

12月10日,蒋介石在成都乘机逃往台北。至此,宋子文彻底绝望了,开始对国内的情况失去兴趣。12月8日,李宗仁到达美国,宋子文也没有去机场迎接。

随着蒋介石政权在大陆的垮台,宋子文失去了最后的希望,他的交际圈子也大大缩小了,开始深居简出,偶尔与大陆时代的几个故友打打牌来消磨时光。不过,那些旧牌友已不像以前那样用故意输钱给他来博得他的高兴了。一次,曾任财政部次长的徐堪在宋宅大赢宋子文,宋欲留其再战捞本,徐却拂袖而去。事后有人对徐说:"T.V过去毕竟是提拔你的人,这点交情不能不讲。"徐却傲然说:"我已入了葡萄牙籍,哪管他T.V不T.V!"

宋子文已至穷途末路,偏偏美国又抓住其辫子不放。华盛顿盛传孔宋家族大发国难财的种种新闻。美国总统杜鲁门及其助手们也坦率地谈论国民党政府中的"贪官和坏蛋"。杜鲁门在听到银行界人士对国会议员说宋孔确有20亿美元存在曼哈顿,便立即命令联邦调查局秘密调查。前面说过,美国的一些文章披露孔宋豪门内幕,虽然宋子文对顾维钧辩解说:"已被华盛顿的共产党分子或同情共产党的分子诽谤到如此程度,感到访问首都毫无意义。"但他们的贪污劣迹还是成为人们街头巷尾的谈资。就连英国的财政大臣塔福德·克里普斯爵士,在一次自助餐宴会上,也对国民党驻美大使馆的官员们说,"那些美国人指的是蒋委员长的家族,包括孔祥熙、宋子文现在到美国来,名义上是为了促进中国的利益,实际上是为了谋取他个人的利益。蒋委员长的亲信如宋子文,在商业交易中的贪污行为实在已达到了罪恶昭彰的地步。"

不少前国民党的高级官员贪污的行为见诸报端,连带着,宋子文越来越成为下一个目标,这使宋感到忐忑不安。经一番筹划,宋子文提出公布中国银行纽约经理处和纽约的银行审计员之间的信件,但其亲信却反对这样做,他们怕欲盖弥彰,因为中国银行的信件并不足为证,他们幻想由国民党政府来发表声明,证明宋子文是"清白"的,说美国的报刊没有根据。

然而已被中国人民彻底推翻的国民政府是不可能来为宋子文发表声明,宋是如何也想不出"锦囊妙计"来摆脱美国朝野对他的攻讦,只得任其蔓延罢了。

此时与宋子文天各一方的蒋介石,虽以下野之身,仍然操纵国民党实权,在通过一系列惯用的伎俩逼垮李宗仁后,蒋着意筹划西南防守,任命他的爱将胡宗南任西南军政长官公署副长官兼参谋长代长官职,并在动员会上说什么只要坚持一年半载,国际形势就会有变化(指蒋意想中的"第三次世界大战")。然而就连他的老部下胡宗南也再不相信他的"训导"了,胡对他的部下发牢骚说:"总裁要我们自杀成仁,我们就在成都同归于尽吧!"胡宗南根本对如何死守成都不做部署,他整天考虑的是如何在川西脱危逃往西昌。随着战争的进程,胡宗南集团被围在绝地西昌,在面临灭顶之时,胡宗南逃离西昌,蒋在大陆的最后"堡垒"被摧毁。

退居台湾的蒋介石,在官方和民间的"呼吁"下复出就任"总统",但在接见"民意机关"致敬时,蒋却不得不承认:"我们的中华民国到去年(1949)年终,就随大陆沦陷,而几乎等于灭亡了,我们今天都已成了亡国之民。"随之,蒋声称此次复出的使命,"就是要恢复中华民国,解救大陆同胞;而最后的目的,乃是在消灭共产国际重奠世界和平。"蒋为此而亲拟了6句口号,即"刻苦耐劳,笃实践履,组织第一,情报在先,防谍保密,铲除'共匪'。"

蒋介石在台湾阅兵

大洋彼岸的李宗仁给蒋拍来电报，毫不客气地指责蒋违背了"中华民国宪法"。李宗仁在纽约声称，他仍然是"总统"，正准备回国，并反对蒋复职，他声明：

蒋氏会宣布他自己为中国"总统"，实令人惊异而难以置信，蒋氏自1949年1月辞去总统职务后，已成为一介平民，现在竟不经选举而自命为"总统"，实令人惊异。

尽管在蒋的指使下，就职仍然"轰轰烈烈"，"民众"深深"爱戴"，但李宗仁的批评，给蒋介石的复职投下了不大不小的阴影。

由于美国当局对孔宋"豪门"的报道越来越多，波及了港台，新闻界对孔宋到底有多少财产，应不应该"捐献"台湾当局，很认真地发表了许多意见。但孔宋都装聋作哑，于是新闻界愤愤然提出应该召宋、孔"回国"。

蒋家王朝虽然已流水落花春去也，但蒋还是在考虑种种因素之后，给美国的宋子文拍去了急电，这是1950年初的事。蒋的急电要求宋子文立即回台湾"共商大计"。

时居住于曼哈顿的宋子文在接到电报后又获悉：2月，国民党"中央"常务委员会通过一项决议，要求所有国民党党员返回台湾，否则注销护照。

何去何从？是留？是走？宋矛盾重重。

美国作家斯特林·西格雷夫在《宋家王朝》一书中这样写道：

"T.V 这很像从意大利黑手党分子发出来的一封要他回索伦托的邀请信，或者回去'看看那不勒斯就死去'。"进退维谷，宋子文在分析了形势之后，决意留在美国。这意味着宋子文将从蒋氏战船上跳出。据分析，宋子文决意留美可能基于两点考虑：

首先，宋子文对蒋介石的台湾"政府"已丧失了信心，确切地说是不感兴趣。在那段时间里，在美国几乎没有人认为蒋介石能在台湾待上一年，美朝野人士一致认为蒋必定失败。英国尽管在同国民党在台湾的"政府"断交和支持恢复中华人民共和国政府在联合国的合法地位的问题上持暧昧态度，尚没有与中华人民共和国建立外交关系，但也于1950年1月承认了中华人民共和国。美国国务院已通知它的外交人员准备台湾落到共产党手中，说美国不会向蒋介石提供军事援助或建议。结果在美统治集团内部引起了激烈的辩论，麦卡锡参议员带头指责国务院里充满了共产党人。也正是在这一段时间里，宋子文多次向蒋介石派驻美国的外交人员表示出对台湾政权丧失信心。这表明，宋子文同美舆论界的论调是一致的，显然，在宋子文看来，蒋介石守不住台湾，即使在台湾站稳脚跟，也今非昔比，意义不大。

其次，宋子文同蒋集团中的许多人都有矛盾。《纽约时报》曾对宋的这一做法做了如下报道："国民党说，宋子文这位世界首富之一，宁愿选择辞职，也不愿回到受共产党威胁的小岛，这个岛屿是蒋委员长从他原有的亿万人口大国所剩下的全部地盘，就只这块避难所。"

"宋子文一年前在南京政府逃往广州前不久离开中国。当时，有人提出要宋子文把他的巨额财富的一部分捐献给国民党事业的动议。据说，他的财产分散在法国、南北美洲、印度、南非以及这条线上的一些银行里。迄今，如此间公众所知，他没有理睬这些请求，匆匆离开广州。"

在台湾的蒋介石基于宋与美国的关系，宋子文手中的巨额财富及共同的政治利益才邀宋回台，在宋未见动静的情况下，蒋介石又发出了邀请电。后来，国民党还以中央党部的名义屡次催促宋回台，但被宋拒绝。1952年10月，国民党在台湾召开国民党"七大"，部分代表提出了"党内重大整肃案"。该案要求对拒不回台的国民党党员开除党籍，但知信的宋子文仍然"无动于衷"。于是在第二年，蒋介石亲自圈定了该案列出的开除国民党党籍的名单，蒋介石的连襟孔祥熙和大舅子宋子文分列第一位和第二位。从某种意义上讲，蒋介石昔日形成的集团四分五裂，宋子文与蒋分道扬镳。真可谓：日暮乡关不知何处为家，望洋兴叹未知终结如何。

二、相逢一笑，蒋宋恩怨未泯

客死他乡，宋子文身后凄凉，被开除国民党党籍后，宋子文离开了曼哈顿，在长岛购买了一套宫殿般的豪华住宅。他用别人替他挑选的画装饰自己的住宅，他承认，那些人在艺术上比他懂行。他还收藏了大量的中国青铜器，他说这些青铜器也是别人替他选择的。他的宅邸戒备森严，并安置了复杂的报警系统。

这一切表明了宋子文不再对政治感兴趣，但据传闻，宋子文所做的这一切是有其幕后原因的。

朝鲜战争期间，蒋介石认为"第三次世界大战"已拉开序幕，鼓吹反攻大陆的调子极高，被蒋派往美国乞求援助的宋美龄在美国也加紧活动，由于杜鲁门并不对援台感兴趣，于是宋美龄便联络尼克松、孔令侃等人在各州暗中操纵要求将麦克阿瑟将军撤职的游行，这一切显然是为推倒杜鲁门造声势。

杜鲁门被弄得灰头土脸，他把宋子文邀请到了白宫，开门见山地说："蒋夫人要报复我，还有院外援华团的一些台柱子：尼克松、斯佩尔曼红衣主教、埃佛雷特·德克森参议员、迈阿密运输公司的老板等，这些人都利用蒋夫人来反对我，我觉得美国陷入了它历史上最黑暗的时期之一。"

"这与你的援华方针是有关的，你不能推卸责任。"宋子文不客气地说。

杜鲁门辩解说："我不是不支援国民党政府，而是不支援蒋介石的法西斯政府。"说到这里，杜鲁门稍作停顿，思考了一会儿继续说："假如有一个受过美国教育而又极为民主的人到中国掌权，我一定要不遗余力地支持他！"说完，杜鲁门盯着宋子文，等待他的反应。

"你是指……？"宋表面露出疑惑之情。

"T.V"，杜鲁门很亲切地叫着宋子文英文名，"只要你愿意，我们一定把你推上政治舞台。"

宋子文虽内心怦然一动，但表面上却拼命摇手反对。

杜鲁门露出奇特的目光，"T.V，你不要客气了，据联邦调查局的调查，你购买了大批枪支弹药，包括美国机械公司的最新产品：恩菲尔德步枪，你一下子买了 45000 支，储存在加拿大的仓库里，准备从温哥华运往台湾，而台湾当局并不知道这件事，这意味着……"杜鲁门并没有下结论。

"既然总统先生已经知道，我不否认想改变一下台湾的局势，管他三民主义也好，共产主义也好，我更愿当一个没有'主义'者，注重实践，倡导各种经济和社会试验，更注重效果。"

杜鲁门连忙说："很妙，我支持你，但你也要支持我。要阻止你的妹妹对华盛顿施展她的'老鹰术'，只有你才能与她对峙，这不是与你妹妹为难，而是与你最讨厌的芝麻脑袋为难！"

"可蒋介石不好对付，他像路易·波拿巴那样，不是晚上作出决定白天行动的人，而是白天作出决定晚上行动的人。"

"难道你就甘心屈服吗？你没有忘记头上的伤疤吧？"杜鲁门用了激将法。

不久，在美国巡回演讲的宋美龄在回到佛代尔寓邸时迎来了焦急的孔令侃。

"不好了，姨妈，T.V 到五角大楼去了一趟，回来后便成立了一个反对麦克阿瑟下台的指挥部，向支持杜鲁门的人提供各种援助，并向美国公众和议会发表演讲，专门与你唱反调，他还挖苦艾森豪威尔元帅。"

"他说什么？"

"他说，你明知自己不能做一个公道的总统，就不必去竞选！"

听到孔令侃的话，宋美龄感到很突然，她没有想到宋子文会与自己大唱反调。当她从孔令侃手中接过《纽约时报》时，更是有如凉水洗头。

这份美国最大的报纸，在最醒目的位置刊登了宋子文的演讲照片的评论文章，声称："我们深深地欣赏宋子文先生的口才，佩服他对事业的热情和坚强意志。与此相比，素有演说家之称的蒋夫人不能望其项背。宋子文是中国第一个头脑清醒，敢说实话的演说家和政治家！"与之相反的是，宋美龄演说的消息则被放在了无足轻重的社交版，并称她"世界上头号俱乐部的女会员，她的演讲只是一种东方式的梦魇……"

宋美龄无力地坐到沙发上，自言自语地说："真没想到，我竟成了失败事业的化身……"

"姨妈，精神不能垮，我有个办法……"

孔令侃将她的"计划"和盘托出，宋美龄思虑良久才说："T.V 最大的弱点是前怕狼后怕虎，你的主意好是好，但千万要保护他的安全，他可是你的亲舅舅。"

于是，时隔不久的一天，当宋子文在曼哈顿发表激动人心的演说后，走进停车场时，突然有人从他的两侧同时开枪。宋立即意识到自己是目标，急忙跑进人群，躲到一根柱子后面。

宋的侍卫们开枪还击，整个停车场内枪声大作，几分钟后，刺客神秘消失。宋子文望着地上的鲜血，双腿开始颤抖，连怎样回去的都想不起来了。宋在极度恐惧后感到了幻灭——很简单，只要一枪他就完蛋，他开始顿悟，这种参禅般的顿悟使他彻底放弃了政治野心。

宋子文搬到长岛后，将其大部分精力用于经营他那日益扩大的金融帝国，利用他的专长，从事石油股票、商品期货和新技术的交易，他的社会交往日益缩小。不过，他的几次活动还是引起了新闻界的注意。

第一次是他派代表参加杜月笙的祭奠活动。杜月笙是 1951 年 8 月 16 日在香港病逝的，在临死前，他当着为其祷告的牧师哀呼，"耶稣救我。耶稣救我。"他充满着空虚、绝望而死去。杜死后，宋子文除发去唁电外，另嘱香港广东银行代订祭菜全席，送到灵堂，由他的驻港秘书代祭。

第二次是 1958 年，居住海外长达 9 年的宋子文返回香港。这一举动引起了新闻界的注意。12 月 18 日，宋子文在某私邸以一顿简单的西餐招待香港 20 余

20 世纪 30 年代的杜月笙

位记者。

宋子文事先发了请帖，并请与新闻界熟悉的亲信打电话通知，计划得较周全。

参加会议的记者们报道说："宋显得苍老而消瘦，发已半白，但精神仍健旺，他这副模样和神态，如果不事先知道他是宋子文，至少得定睛端详，仔细忖量，方能认出。他说，现在的体重已较前减轻20磅。"

席间，记者们一一提问，宋子文都未做正面答复。而且时而反问："你认为如何？"

不过，在一位记者单独采访时，宋子文做了一些答复。

记者问："在美国当然和蒋夫人见面了？"

宋回答："是的。"

"她明年元旦不会回台北吧？"

"她在美国有很多朋友，也有很多事要做，短期内不会离开美国的。"

记者提出了一个十分敏感的问题："你几时去台湾呢？"

"过了圣诞节。我在这里有很多朋友，广东方面的，上海方面的，来此就是为了看朋友，并在香港度一个圣诞节，别无其他任务！"

"那么返台是否有什么新的政治任务？"

宋子文回答得十分直

宋美龄晚年在美国纽约寓所会客时的情形

率："我已是望土之人了，和政治生活隔得太久了，不准备再搞了。"

这次午餐会非常清淡、宁静，许多人都不明白宋子文为什么这样做。

实际上，宋子文这样做的目的是十分明确的：向台湾传递消息，争取回到台湾。

尽管宋表示有意回台，但没有成行。

1959 年 1 月 12 日，宋子文偕夫人张乐怡飞赴马尼拉，并取道回美。此次离港，宋氏行动十分秘密，甚至亲朋好友也不知道。

对于宋子文的前后相悖，香港《自由日报》作了这样报道：

"原来宋氏此次离美东来，本有意复出为国家效力，最初之洽商是宋氏出主救济总会（中国大陆灾胞救济总会）并由宋氏先垫出美金一亿元，辅导国家财经建设，并扩大海外救济工作。因年来救总由谷正纲氏主持，外间颇有烦言，若换一个宋子文，自能将工作圆滑推进，因宋氏有的是钱，而救济工作则非钱不行也。

"内幕的报道说，如果此事能顺利进行，则宋氏复出之第一步工作算是完成，而第二步则是宋氏由主持救济事业而兼涉财经任务。所传宋子安氏赴台为 T.V（宋子文）铺路，即是如此。宋子安赴台后，即分头和若干立法委员和国大代表接洽，同时并进谒某巨公（蒋介石），试探当局意见。

"使宋子安失望而归的是，某巨公谈当局对宋子文之复出，称如果单是协力于救济总会工作，是无问题的，如果要进一步重登政治舞台，以宋氏过去遭到各方的不良反应来说似乎目前尚非时机。当局之意如此，宋子文氏遂不得不知难而退。"

当初，宋子文拒不接受蒋的邀请，避不回台湾，而这次，当他想回台湾时，台湾当局却表示"宋氏过去遭到各方的不良反应，目前尚非时机"。看来宋子文只好长期滞留他乡了。

偏隅台湾的蒋介石亲自签署了取消宋子文国民党党员的命令，是不会允许搬起石头砸自己的脚的。何况，蒋介石在美的求援活动曾遭到宋子文的"破坏"。加之，当时许多政府官员对宋子文微词多多，即便宋肯出钱，也是有政治要求的，蒋又怎肯授人以柄而对自己的统治不利呢？虽然宋子文抛出橄榄枝，但种种原因是不允许蒋介石接受宋子文的"诚意"的。

直到 1963 年 2 月，十多年过去了，进入望土之年的双方已经看清了人生，蒋宋二人抛却了以往的种种不快，蒋介石向宋子文发出邀请，宋子文欣然前往台湾。这是宋逃离中国大陆后唯一的一次台湾之行。时年，蒋介石76岁，宋子文69岁，宋美龄66岁。对这一年龄的老人们来说，过去的恩恩怨怨都该成为历史，忏悔、认错、和解已成为多余。望着对方双鬓的白发，他们此时更多感到的可能是岁月的无情。作为南京官场上三位叱咤风云的人物，他们都极力回避那份

孔祥熙（左）在台湾过80岁生日，何应钦（右）前来贺寿。

昔日的荣耀，回避那页沉重的历史，以免勾起不愉快的回忆，他们坐在一起只是叙叙家常而已。

宋子文在台北同"未透露姓名的官员"进行了会谈。看上去，宋子文此次回台是亲朋相聚，然而美国人约瑟夫·艾尔索普却认为蒋介石的真实意图并非是想见见大舅子这么简单，他说："蒋介石和宋美龄对宋子文深恶痛绝，请他去台湾，只是因为他们认为，他善于分析美国政府的意图。"而另一位西方作家的分析似乎也是有道理的。他认为，蒋介石显然认定，虽然他无法使宋子文拿出钱来，但他至少可以使宋子文对华盛顿施展他的"老鹰术"。

至于蒋介石与宋美龄是否真如约瑟夫·艾尔索普所言对宋子文深恶痛绝就不得而知了，但以蒋介石的性格，相逢一笑泯恩仇是做不到的。尽管如此，蒋介石还是在宋子文辞行时要其探询美国政府支持蒋"反攻大陆"的态度，并在争取美援方面为蒋再出把力，宋子文在台北满口答应。

这是蒋宋二人的最后一次见面，宋子文离台返美，蒋介石的算盘落空。

宋子文在美国的确有高官显爵的朋友，但他是不再想花力气了，他只是在返美后向哈里曼随意聊起蒋介石的如意算盘，并没有故伎重演——像20世纪40年代那样为蒋在美朝野游说，乞求援助。

此次回美后，宋子文更是蛰伏简出，对政治毫无兴趣，于亲朋不理不睬。1967年8月16日，曾名噪一时的孔祥熙客死美国，宋美龄同蒋纬国从中国

蒋介石、宋美龄、张群接待 1956 年访台的美国副总统尼克松。

台湾飞来参加葬礼。参加送葬的还有"院外援华团"的中坚人物，如尼克松等人。9 月 3 日，台北举行了孔祥熙追悼大会，蒋介石亲撰《孔庸之先生事略》，由国民党中央委员会秘书长谷凤翔代为宣读。在美国举行葬礼时，同处一国的宋子文没有去参加其姐夫的葬礼，在晚年的岁月里，他们也是恩怨未泯，毫无感情可言。至于蒋介石如此兴师动众，却是令人始料不及。

相比之下，宋子文是否有形单影只的感觉呢？

1969 年，宋子文再次抵港，出席了宋子安的葬礼，那一次，宋庆龄曾从北京拍去了唁电，而台湾方面却没有什么动静。

1971 年 4 月 24 日晚，77 岁的宋子文与张乐怡前往旧金山，与他的老朋友，广州银行的爱德华·尤聚会，宋子文像以往那样吃了很多道菜。突然，他停止了进食，面露惊恐地站了起来，喘不过气，很快便倒在了地上，过一会儿便离开了人世。尸体解剖表明，一块食物堵在了他的气管里，他的颈部神经向心脏发出紧急信号，可他的心脏太弱了，不能承受这种压力，致使他心力衰竭而猝然去世。

对于宋子文的猝然去世，时任美国总统的尼克松曾想利用这次机会邀请中国大陆的宋庆龄、台北的宋美龄、美国的宋蔼龄相聚，以推进中美两国建交。据说，宋美龄已飞到夏威夷，准备于 4 月 27 日上午飞抵纽约。正当尼克松与基辛格商议如何利用机会推进邦交的时候，夜宿夏威夷的宋美龄得到了蒋介石的通知，"勿入中共统战圈套，停止飞赴美国参加葬礼"。与此同时，孔家电话通知宋子文亲属，宋蔼龄临时决定不来参加胞弟的葬礼了。就在宋子文葬礼的前一天，中国政府通知，由于租不到包机，宋庆龄副主席不能应邀赴美参加胞弟的葬礼。对此，尼克松只得命人通知蒋、孔两家，宋庆龄不来美参加宋子文的葬礼，但滞留夏威夷的宋美龄恐怕是政治圈套，索性乘机返回台湾，就连在美的宋蔼龄也仍犹豫不决，为等她的到来，宋子文的葬礼只好改在下午进行。尼克松总统很无奈说了一句话："我真不理解你们中国人！"

"九一八事变"后积极主张抗日的宋子文

台湾对宋子文的猝然去世反应不冷不热，"副总统"严家淦和其他一些官员发去了唁电。在中国大陆期间与宋不无芥蒂的孙科也拍去了唁电。4月27日，《中央日报》在第一版刊登了宋子文的遗像，报道了他在旧金山去世的消息，另在第三版刊载《宋子文事略》，内称："宋故院

1943年宋子文（前排居中者，外交部部长）、顾维钧（前排左一，驻英大使）、
吴国祯（前排左五，外交部政务次长）与英方代表在
《中英关于取消英国在华治外法权及其有关特权条约》签字仪式上合影。

长一生热爱国家，于北伐、抗战与戡乱诸役，或主持政府度支，或折冲于国际坛坫，或主持中央与地方政备，皆有重大贡献……大陆局势逆转后，他出国赴美。在旅美期间，仍时以祖国为念。"

至于宋子文在国民党官场的几度沉浮，与蒋的恩恩怨怨，都只字未提。

与孔祥熙的身后事相比，台湾既没有开追悼会，也没有由蒋亲撰事略，只是由蒋介石"颁挽"一块题为"勋猷永念"四字的匾额。

亨利·基辛格让尼克松

1943年，宋子文在《中英关于取消英国在华治外法权及其有关特权条约》上签字。

给蒋介石和宋美龄发了一封唁电——此举未免失当，当有恶作剧之嫌。唁电云："他报效祖国的光辉一生，特别是他在第二次世界大战期间为我们共同的伟大事业所做的贡献，将永远为美国朋友们铭记。和你一样，我们感到他的逝世是一个损失。"

宋子文客死他乡，身后凄凉。政治依然无孔不入地介入了蒋宋之间的感情。虽都是垂暮之年，生命的旅程接近了终点，但政治的樊篱显然阻止了蒋对宋本已少得可怜的亲情。犹如性格上的格格不入，直到宋子文撒手人寰，也没有使蒋介石顿悟以往的恩怨都是过往烟云，这种历史的局限出现在蒋介石的身上并不令人感到奇怪。

蒋介石 与 宋子文